U0012958

虔心逸芷

從演藝到公益的絢麗人生

一位
離島偏鄉長大的女子
如何
走過繁華的生命記實

Tiffany Juan

目錄

第二部

親情無價

第三部

勵志人生

自序

向陽的心，永不墜落

也曾水銀燈下濃妝豔抹
興嘆庭前花開花落
歸真返璞但求優雅素淨
笑談過往雲卷雲舒

我的好友陶禮君曾在雜誌上用這樣的詞彙描述我：「妳坐在陽光剪成的窗格裏，窗外的影像一字排開，妳知覺自己的美麗，卻不賣弄姿顏。」「妳的故事並不特別，但我難忘的是，妳握擁往昔的熱忱，無悔與心存感激！」

不確定是什麼原因，我會讓她有那樣的感覺。不過的確曾有許多機會，可讓我在亮麗的舞台上盡展風姿。雖說繽紛的世界會使人目眩神迷，但或許是個性使然，身處週遭的五光十色、萬紫千紅，我卻總喜歡靜謐獨坐於角落一隅，觀賞繽紛環境中的百態。並非是我不合群或特立獨行，而是從小養成的沉靜習慣，讓我覺得自己應該是風景中的一部份，就如同是光線照射的剪影，或模糊的前景一般。

人過了耳順之年，生命中的記憶、生活裡的經歷，當然是林林總總的縈繞在腦海揮之不去。不過這些七情六慾、酸甜苦辣，缺少大時代背景的襯托，自然沒有盪氣迴腸的氣勢和波瀾壯闊的格局。自己覺得刻骨銘心的感受，禁不住清淚順頰而下的往事，在別人看來不過是人生成長必經之路，絲毫不顯特別之處，但陶禮君的文字，卻深深的觸碰到我的內心。是媽媽遺傳的基因，亦或是成長過程的耳濡目染，艱困的海島生活非但沒有磨滅我們的意志，反而培養出姐妹們奮力的決心。母親一肩扛起家計重擔的身教，更淬煉了我們日後能勇敢如男兒般面對橫逆，這份走出偏鄉創造未來的夢想，也成爲是自幼就深植的理念。當然數十年下來，我們不能免俗的會有內心掙扎、情感糾葛的時刻，也曾私心犯錯、孤單寂寞、哀怨自憐、英雄氣短。

欣慰的是由於把自己一直置身在向陽之處，縱使沒有偉大的思維邏輯，卻總能奇特轉折、柳暗花明，享受了掌聲喝采、鎂光閃爍、貴人相助、喜神眷顧的好運；因爲遍嚐了生活的過程點滴，織構出生命的黃金年代，所以眞心感恩這份上天的惠賜之餘，就不斷地告誡自己做人要懂得熱情相濡、做事要知道珍惜回報。儘管「嬌柔」二字不存在於我的字典，但我也絕不是勇者，是長久以來的體會與認知，養成我堅定執著的信念，也讓禮君對我有了前面「熱忱、無私、感激」等的溢美之詞。

透過出書的回憶，順帶整理了思緒，漫漫人生長路上，讓我終於遇見了自己。反觀自己前行過的軌跡，檢視自己階段的時空位置，平凡的我，終於知道就算沒有那麼好也須坦然面對。否極泰來是自古就有的可能，明白努力與運勢的差異，了解更多福禍的道理，看似僥倖的成果，實則是耕耘的成績，是潛在龜毛的意識？是對完美的追求？我連浴室櫃中毛巾也要摺疊整齊，更遑論事業、工作上的苛責了！

在台灣當演員時的態度，製作電視劇時作品的優質，我就不再贅述，值得一提的是遠赴大陸再創事業第二春時，雖說前期因人生地陌搞得灰頭土臉，在慎選找到穩當的合作夥伴之後，不但《換子成龍》、《順娘》、《寧爲女人》多部電視劇拿下了各地電視劇收視排行的首位，還引領了民初苦情劇類型的風潮，創造了梳、化、服人員在劇組受重視的地位。

多方的肯定並不代表我有多麼優秀，而是我明白「凡事豫則立，不豫則廢」的道理。四年前，一則感覺出現工作的瓶頸，想休息檢討再重新出發；一則在喜愛的公益團體扶輪社，有機會更上層樓服務，所以接受母社徵召，開始規劃擔任國際扶輪地區總監職務。經過一段時間的準備，在心理、時間上的調配也就游刃有餘，非但不累還很快樂。一年總監任期已過，其間還有新冠疫情的騷擾，捫心自問無愧於大家的愛護，完成了所有預定的任務，相信每人心中自有一把尺，會給我一個肯定的評價。

時至二〇二一年，社群網站、串流平台快速成長，應用科技帶給影視產業革命性的改變，大數據、短視頻、人工智能、無屏螢幕，媒體的瞬息萬變、內容的推陳出新，新舊年代的區隔，老少文化的差異，我洞察到現在想回到創作的領域會有多困難。學然後知不足，政治大學ＥＭＢＡ、北京大學ＥＭＢＡ、波士頓大學ＥＭＢＡ，是我走入下一個階段的起點，處在徬惶的現實世界，我只能告訴自己，做好學習知識、懷抱希望、把握機遇、從容面對！

資深媒體人林美琭，在新聞職場工作期間，幾乎與我影藝生涯同步，因著這個機緣二人相識相知結爲摯交，時間久了更成爲通家之好、她疼愛兩個孩子讓人動容，家中另一分子柴犬多比也是她送給兒女的。美琭望之儼然、即之也溫，筆鋒文采、篇篇錦繡，更難得的是她正直不阿、俠骨柔腸，三十年採訪報導結束後，與夫婿大隱於市回歸故里，在有「水的故鄉」美譽的宜蘭員山，開設「鄉村風味」餐廳，從此男耕女釀，徜徉在青山綠水間，收成於汗滴禾土下。窯烤的披薩、豬腳、吐司遠近馳名，若不事先預訂，必是只聞飄香，卻空手而返。既已動心起念決定出書，自然希望有生花妙筆爲內容添色，這捉刀代筆之人，早就打定好主意非美琭莫屬，於是姑且不管這老板娘有多忙，硬是要她接下這個任務，或許礙於友情永固，美琭只能爽快應允，我專程跑了五趟她處傾訴過往，也就是知我者如美琭，才能一窺我內心深處。

猶記在政大吳靜吉博士的「領導與團隊」課程中，要寫自己的成長經歷，寫完之後，兩行眼淚撲簌而下。相信再怎麼飛黃騰達的人，也有撞破頭的坎坷，唯有親身體驗才能感受切膚的疼痛。這本書固然是我個人的寫照，但可讓孩子們瞭解老媽的拚搏、也讓朋友們加深認識彼此，最重要的是讓讀者們有前車借鏡的參考。

推薦序

從好媽媽到好製作人和好領導人

吳靜吉

二〇〇四年在設計政大ＥＭＢＡ領導與團隊課程時，學員的第一個作業是「生命故事年表」。四天三夜的第一個晚上，由一位老師帶領，各自分享個人的生命故事。後來在政大ＭＢＡ、中山大學「大學之道生活營」等，我都會把分享生命故事列爲第一個晚上的活動，在所有活動當中，生命故事的分享一直都是參與者最滿意的活動。爲什麼？生命故事，除了坦誠相見、認識彼此、奠定創造的靈感、溝通、詮釋生命以外，我特別希望每個學員都能爲自己準備撰寫傳記的素材。

阮虔芷的《虔心逸芷》實踐我希望大家分享生命故事的期許。在第一個作業中整理生命故事時，她說：「四歲時，最漂亮的姐姐——虔馨因肝癌病逝，當時她才七歲。在我腦海中一直有著一個無法抹去的畫面，窮困的家庭沒錢請葬儀社，我親眼看著爸爸，滿心悲愴地爲女兒封釘封棺，此情此景，眞是情何以堪。」

這些年來在教學中，我也很喜歡運用神話學大師喬瑟夫．坎伯（J. Campbell）《英雄之旅》的基本架構詮釋生命的故事。所以我們也可以從《英雄之旅》的冒險歷程「閱讀」阮虔芷這本傳記。有人說 HERO 如果沒有 HER，只是 O（ZERO）。

她的第一個英雄之旅的召喚（calling）是當一個好媽媽，好媽媽後來演變爲成功的製作人、企業家和領導人。

好媽媽的召喚起始於她母親「持家的 DNA」。

她媽媽在家前院蓋雞舍，賣雞蛋也賣肉雞；過年時也會借石磨，買米，磨米漿，做年糕。年糕料好實在又好吃，很快就賣完。

她回憶：「媽媽碰到問題，一貫的態度就是：承擔、想辦法解決。這點，我受媽媽的影響頗深。明明經濟拮据，爲何外人總認爲阮家條件好？」

因爲媽媽能用巧思與巧手，舊衣新縫，把孩子打扮得漂漂亮亮。

她母親就是法國人類學家克勞德．李維史陀（Claude Lévi-Strauss）所謂的 bricolage（拼湊／隨創），也是美國萊斯（Rice）大學斯科特•索能沙因（Scott Sonenshein）教授所謂的 Stretch（延展力），面對資源有限的困境，應用已有或隨手可得的資源和材料創意發展。創意媽媽和創意製作人該是如此吧！

阮虔芷小時候雖在非常偏遠的澎湖出生長大，但因爲長得漂亮、高挑，入選國泰女籃隊。她相信打球才有機會出國，下定決心，國中畢業直接到臺北念高中兼打球。那時候，她心裡已經產生了「我的人生將不一樣了」，那是什麼呼喚？

因緣際會被安排進入十信工商就讀會計，她後來自我覺察認為個性上不適合打球競比，但會計的專業訓練和好媽媽的素養，水到渠成助攻她斜槓創業，將全部的薪水租下三房公寓，當起二房東，自己住一間，其他兩間租出去。其中一位在奧美廣告公司上班的房客，看上她的美貌與美腿去拍「佩登斯褲襪廣告」。她一路從廣告、演戲到製作人。

英雄之旅的路途中，有 flow（流動）、有挫折、有良師益友、也有損友。在大陸製作《無鹽女》時，被騙了五千萬，同時在臺灣製作《時來運轉》，也虧損了兩千萬。

她是一個懂得「山窮水複疑無路，柳暗花明又一村」，能隨機應變的企業家。深知人與戲的關係最爲密切，也兼做經紀人，一方面增加自己拍戲的人才，也擴展自己的影響力。爲了與時並進，希望習得管理模式來經營影視產業，她總共念了五個 EMBA，在波士頓大學和東京大學念 EMBA，也同時增強外語能力和國際觀。既然在中國製作電視節目，當然必須知己知彼，在北京大學念了 EMBA 和后 EMBA。這種自主學習的動機、方法和行動，是今日創業家和領導人的基本素養。

她說「念 EMBA 重要的是附加價值」，被選爲 2020-21 年度國際扶輪 3523 地區總監時，成功扮演好媽媽、好製作人和好領導人的角色。

我很高興她說：「五個ＥＭＢＡ中，政大是我學習最認眞、收穫最多的。」

在「疫情後台灣影視的未來路」章節中，她如數家珍地觀察並分享影視的數位轉型趨勢、現象和策略。看得出來，她在政大ＥＭＢＡ眞的有認眞學習，五個ＥＭＢＡ不是混來的。

她感念家鄉的賜予，在十一年前由她所創立的逸仙扶輪社，捐贈澎湖縣政府一輛復康巴士，她也與兩個姊姊再捐一輛；二〇二一年她擔任國際扶輪3523地區總監時，感恩故鄉，聯合同在扶輪社的一群澎湖子弟，和澎湖在地的三個扶輪社，一起回饋家鄉，爲離島七美鄉衛生所提供緊急醫療設備。

她更進一步領導七十五位社長，發揮生命故事作業的延展力，凝聚了所有團隊與社長的感情，聯合展演「年輪交錯的黃金歲月」之生命故事改編再創的戲劇。以下她的這一段話可以用來點綴她好媽媽、好製作人和好領導人的生命故事。

「3523地區在2020-21年度，勇奪了End Polio Now（根除小兒痲痺計畫）全球一六八個國家，五三九個地區，DDF（地區指定用途基金）捐款全球第一名、以及Cash捐款全台第一、全球第二名的榮耀。社長們都戲謔說『總監認眞；社長當眞』；團隊們也都說『不能讓總監煩惱』，這一切都讓人如此感動，讓我怎能不愛他們。」

※吳靜吉博士：國立政治大學創造力講座／名譽教授暨中華管理發展基金會董事長。

推薦序

活出人生的精彩，綻放屬於妳的絢爛——我和阮虔芷一段亦師亦友的情緣

陳郁秀

與虔芷結緣，是在政大EMBA一〇五級學程的課堂上，她選修了我開設的「新經濟文創產業化」這門課。我知道她是位知名的資深電視製作人，擁有許多膾炙人口的作品，在兩岸影視產業中出類拔萃；但不知道的是，她還是一位不斷追求新知、努力充實自我的好學之士，從此她敬我爲師，我也樂收這位重量級門生。

猶記得那一班的同學們，均是事業有成的社會菁英，上課內容必須精闢扼要，我以分組概念，採取工作坊的方式，讓各組找出跨界、跨業之關鍵點，再共同尋找突破的策略。虔芷的表現在班上極爲突出，展露領導人的特質，尤其畢業晚會的規劃，更發揮優秀製作人的才華，讓大家驚艷不已。平時也常帶來親自製作的滷味，讓同學在品嘗美味之餘，充分感受她

的溫馨與體貼。

二〇二〇年初夏，COVID-19在世界各地爆發，就在台灣處於疫情管制的當下，虔芷毅然扛起國際扶輪3523地區總監的工作，就職那天，她邀請所有的新社長一起宣誓，我自己是扶輪的寶眷，熟悉扶輪的運作，但如此大陣仗的就職盛會，十分罕見。這一切都得歸因於虔芷有心、有號召力、有領導力和管理能力，各種力量匯集才能營造出團結的氣勢，這一場氣勢龐大、充滿正能量的宣誓行動，讓接下來一年的活動皆能順利舉行，並未受到疫情太大的衝擊。這一年期間，我也參與了她主辦的多項活動，深刻感受到她回饋社會，無私奉獻的情懷，在閱讀過她的自傳及十二篇以自我視角書寫的文章，更進一步了解她寬廣的心胸，鞭辟入裡、獨出機杼的見解，和超乎常人的堅強毅力。

我們都曾經歷過那段物質匱乏，生活困苦的歲月，虔芷住在離島偏鄉，想必艱難情況猶有過之。然而，那時代的年輕人並不以此爲苦，反而大多數人胸有鴻鵠之志，只等待機會來臨一展長才，由沒沒無聞的小會計到家喻戶曉的大明星，虔芷再次印證了努力不懈，積極進取才是邁向成功的唯一途徑。

而這位大明星也有柔情的一面，文中處處可見她對母親的思念、故鄉的眷戀、兒女的愛憐、朋友的誠信、社會的關懷，字字情眞意切，句句愛意深濃，這些愛是眞實的、眞心的、眞摯的，正是這三「眞」，才能產生難能可貴的「眞愛」。

虔芷演而優則製，雖然功成名就仍不忘回饋社會，在兼顧家庭事業之餘，將自傳、文稿、工作心得編修成冊，風檐展書讀，沉浸其間，更能感受其懷抱眞愛的境界。四十多年來，我一直致力於台灣文化主體工程的建立，深知文化是抽象的、無形的，但影響力卻是無遠弗屆，而這無形的能量、精神和態度，是奠基於千千萬萬個具有文化思維的有形實例執行完成的成果。所以，只要在自己專注的志業中，重視原創，戰略性地深耕，就能活出生命的意義，創出品牌。虔芷出書，爬梳過去種種爲自己作一回顧，我認爲是用心凝聚溫軟的光，讓內在的精彩在歲月流轉中悄悄綻放……。

祝虔芷百尺竿頭更上一層樓。

※陳郁秀董事長：台灣公共廣播電視集團董事長，前文建會主委。

第一部

流金歲月

阮虔芷——口述　林美璱——撰文

Chapter 01

楔子

二〇二〇冬月，
疫情攪亂了人世間的秩序，時光宛如駐足，
就在記憶的角落，開啟那一頁頁如煙往事。

新冠病毒横掃全球，尤其變種病毒株肆虐後，搭機風險增加、邊境管制嚴格，進出國門是件麻煩的大事。但，值此非常時期，阮虔芷那出國念書十幾年的兒子夏瑋辰，仍不畏險阻自美返台。原因無他，只爲了：盡人民應盡的義務——服兵役！

二〇二一年入夏後，一向活動力十足的阮虔芷，忙得更加起勁兒。因爲，一年任期的國際扶輪 3523 地區總監，她已交出漂亮成績單，六月底卸下職務後，闊別一年半的兒子緊接著回國。兩件大事，無縫接軌，讓任何事都力求完美的她，公私兩不干擾。

扶輪總監的卸任，雖處疫情警戒期間，阮虔芷仍以別緻的線上畢業典禮方式，圓滿完成。但迎接兒子回家，卻是好事多磨。

「我很怕說再見，這些年送子女出國念書，每次送機，或是我出國探望他們要回來時，都會哭得唏哩嘩啦的。但接機不同，再忙，我都會滿心雀躍地去迎接。

這次因為疫情，兒子早就說回台檢疫期間要住防疫旅館，叫我別去接機。但我總覺得，旅館哪有家裡方便？即便檢疫也應居家呀！所以，我早早就把礁溪空置的家打掃乾淨，該整理的網路、熱水器、飲水機等等，也都一一弄好，並且擬好兒子愛吃的菜單，準備機場接機後，就把他直送宜蘭，屆時天天跑宜蘭為他送餐。」

只是，人算不如天算，因爲印度變種病毒入侵，七月二日起，邊境管制加嚴，當天自美返台的他，一下機就得搭防疫專車，入住檢疫飯店十四天。而檢疫期滿後，守規矩的他，接續在家裡閉關自主管理，靜待兵役通知。

「兒子很貼心，國外求學期間顧及家裡開支，省吃儉用，住進防疫旅館後，面對很多人排斥的防疫餐，他卻視如珍饈，餐餐吃光光，結果十四天後接到他時，猛然發現他變得好『大隻』！他是個乖孩子，雖然受國外十幾年的自由教育，但自我要求很嚴謹，就像相關的防疫規矩他嚴格遵守、當兵義務也一定要盡，是個很有責任感的大男孩！」

過去，家長們送家中男孩出國當小留學生，除了追求更好的學習環境之外，逃避兵役的因素也不少。雖然近年當兵已不若過去辛苦，但還是有人認爲浪費時間而不願盡此義務。也難怪，當阮虔芷拜託友人幫忙讓兒子早點去服役時，朋友聽到「兵役」兩字，就想當然耳的認爲阮虔芷是希望兒子免服兵役，因此面有難色地回說：「這有困難耶！不能不當兵喔！」阮虔芷當場大笑：「當然要當兵啊！我們是希望早一點去服兵役！」

苦悶疫情中，這難能可貴的正能量，其實也是阮虔芷與家人的日常！

Chapter 02

童年

走進暮色，佇足夕陽，小港餘韻，
總讓無憂的歲月變的更美，
兒趣的歡樂聲在海風中迴盪。

澎湖，一般人印象中，總會浮現蜿蜒美麗的沙灘、碧波中戲浪的人潮。

但，這樣的畫面，對生於澎湖、長於澎湖的阮虔芷，童年記憶中是不存在的！

從福建隨著部隊遷抵澎湖落腳的父母，在人生地不熟的地方，一連生了五個女兒，而且個個如花似玉。鄰居常會誇讚阮媽媽，說她好會生養，女兒們長得亭亭玉立、討人喜歡。但在讚美之餘，也不免提醒：外邊到處都是阿兵哥，得多花點心思照護。

阮家除了爸爸，其餘成員都是女性，十足是個「女兒國」。正因爲如此，護犢心切的父母，總以「海邊有鬼」（夏天戲水常出意外）爲由，限制女兒們的遊戲空間，只在家裡庭院或門口巷道，夜間更是禁止出門。

「美麗會招罪」是身爲老么的阮虔芷，從父母和姐姐們的互動中感受到的。於是，她自創了一個扮醜的方法，也不記得是小學幾年級開始，只要走在馬路上，她就不自覺的臭臉嘟嘴皺下巴，以自認爲「醜」的樣貌示人。

當年家境困難，唯一的玩具，是媽媽用做衣服的剩布做成的娃娃。在不能出門玩的情況下，阮虔芷的童年遊戲，就是丟沙包、跳橡皮筋、跳房子、扮家家酒等。有些孩子會用葉片吹出音響，阮虔芷喜歡用雜草編出活動的小雨傘，更喜歡剪紙娃娃、剪紙衣服，然後幫娃娃穿上自已繪製的各色紙衣服，每天變換不同的衣服搭配，幫紙娃娃裝扮美美的。

長大後的阮虔芷，走到哪兒都是吸睛的焦點，美貌與高挑的模特兒身材固然是天生，但優雅得體的穿著打扮，則是自幼從一張張紙娃娃衣服上，孕育累積下來的美學底子。

親手為稚女入殮，父愛情何以堪

追溯童年的第一個記憶，是傷心無奈的。

阮虔芷四歲那年，家中最漂亮的三姐因爲肝癌過世，龐大的醫療費用，已讓阮家山窮水盡，實在無力再置辦棺木等喪葬事宜。所幸，有幾位爸媽的同鄉合資，幫三姐買了一具棺木，讓沉浸喪女之痛的父母，免於再承受奔走籌湊置棺安葬費用之苦。

當媽媽抱著三姐瘦小的遺體輕輕放入棺木、父親作勢以鐵釘封棺時，那悲痛哀戚的神情，深深烙印在她小小的腦袋裡。

「這畫面長年在記憶中翻滾，年歲愈長，感受愈強、傷痛愈深。我是一個很怕說再見的人，我想，應該是這個傷痛埋下的因子吧！」

爸爸遷抵澎湖後，就在縣府兵役科擔任股長，並被安排住在一間寬達七十二坪的日式宿舍。這樣的生活，不算寬裕卻也小康，但實際上，家中卻是經常陷在捉襟見肘的窘況裡。

在福建老家是富家子弟、事事有人伺候的爸爸，離鄉背井來到澎湖小島，生活的衝擊、求子不得、事業不得志（直到退休沒升遷過）等等挫折，讓他寄情菸酒，偶而還會藉由方城之戰逃避現實。這也讓食指浩繁的阮家，經濟壓力再添一層。

阮虔芷回憶道：「有回連續假日前發薪，爸爸領完薪水，就去朋友家打了三天三夜的麻將，回來時一臉鬍渣，薪水袋僅剩八毛錢。當時縣府還有食物代金，但我們從來沒看過，因為都被他賣掉。

爸爸為人正直，不貪不取，自己『開銷』過大時，曾經讓我替他去當西裝、當手錶。我心疼他，看他沒菸抽時，也會到媽媽經營的福利社，偷偷幫他補給精神糧食。

以前就算一桌家庭麻將，警察也會抓。爸爸雖然沒有紀錄，但就因為他打麻將，害我連在馬路上看到警察，都會緊張。

喝酒和麻將，只是下班後的消遣。職場上，爸爸是位認真的公務員，兢兢業業於職務上，奈何幾十年未見升遷，他內心的抑鬱可想而見！」

工作是一回事，富少落魄偏鄉的生活落差、多年求子不得的鬱悶，讓爸爸把心情都反應在孩子的名字上。結婚八年才盼來長女，所以，孩子的名字上用了「遲」字（後來改爲「慈」）；困難生活中生了次女，名子上便有了「難」字（後來改爲「南」）。因爲渴求兒子，所以一胎又一胎的生，奈何接連又生了三個女兒，嗷嗷待哺的五張嘴，讓沉重的生活負擔有如雪上加霜，爸爸的求子夢終於醒了，決定不再生孩子，因此以「止」字爲么女命名，後來才加了草字頭改爲「芷」，是爲阮虔芷！

雖然爸爸打麻將常輸錢，但從不會把情緒發洩在家人身上；晚上在家喝酒，雖然一次能喝一瓶紅露酒，但不曾聽他說醉話或對孩子大小聲。四個孩子中，只有從小被當男孩養的二姐，因爲太皮，有次被爸爸綁在門外電線桿上打。

爸爸很疼小孩，每年的年曆一到手，第一件事就是翻著上面的日期，標註孩子們的生日，他說：『再窮，孩子的生日都要過！』

而三姐罹患肝癌，早已被西醫宣布藥石罔效，但他不願放棄，四處尋訪名醫，到處求診。後經友人介紹，從台灣本島請來一位專治癌症的中醫，安排醫生住在家裡，每天吃好、喝好（遵從要求每天提供一瓶日本清酒）的伺候著、支付著昂貴的診金。但是，三姐喝了中醫開立的五個多月苦澀中藥，皮膚蠟黃、身軀消瘦，肚子卻是一天比一天腫脹，病情一天比一天沉重，終究還是回天乏術。

五月榴花似火，彷彿看見母親堅毅的臉龐

這樣的環境下，多虧有位堅強的媽媽，幾乎使盡三頭六臂的功夫，努力維持著「讓外人看不出貧窮」的小康生活。

「媽媽雖然沒念過書，但說的話都很有哲理，她常告訴我們『心有多寬，路就有多寬』，很多人常說我的思考很正面，我想我是受到媽媽潛移默化。」

不管是爸爸的個人因素，還是受騙虧損（媽媽常被倒會或被借錢不還），媽媽都以寬闊的心胸面對，不生怨言、不交相指責，而是全心全意的拓展生財之道，拚命開源來維持生計。

阮虔芷說，「在那個物資匱乏的年代，很多人家都信天主教，因為有麵粉跟衣服領，我們家也是。此外，媽媽在前院蓋雞舍，賣雞蛋也賣肉雞；過年時會帶著大姐去買很多米，然後運到豆腐店跟人家借石磨，母女倆一起費力磨著米漿，回家做成年糕來賣，我家的年糕因為料好實在又好吃，所以很快就能賣完。

後來，媽媽又透過關係承包軍中福利社，從批貨、運貨到販售，都是自己一肩扛，甚至

和福利社比鄰的撞球檯，她也兼顧著。福利社進的貨，如飲料、酒類等，都有相當的重量，雖有軍車載運，但女人的身手畢竟沒有那麼俐落，有回搬完貨剛爬上後車斗，駕駛就開車前行，讓還來不及站穩的媽媽跌下車，當場摔斷鎖骨。但是，她沒有時間休養，裹好傷立刻又回去工作。

媽媽從不會怨天尤人，更不浪費時間自憐自艾，碰到問題，一貫的態度就是：承擔、想辦法解決。這點，我受媽媽的影響頗深。」

媽媽爲了家計，每天忙得像陀螺般打轉，姐妹們也很貼心，總會幫忙做家務。尤其是大姐，每天放學，就自動擦榻榻米、擦地板、沖洗廁所，就連當教師出嫁了，依然跟婆家商議好，下班後要到福利社幫媽媽的忙，薪水甚至也交給娘家。這點，讓媽媽相當感動，卻也覺得愧對女婿和親家，因此沒多久就婉拒了大姐的金援。

明明經濟拮据，爲何外人總認爲阮家條件好？

因爲，疼愛孩子的媽媽，能用巧思與巧手，把自己的舊衣或從教會領來的衣服，拆了重製成孩子的新衣，天天給孩子梳綁俏麗的辮子，把孩子們打扮得漂漂亮亮。而對於孩子的正當需求，媽媽更是捨得，標會、賣血都要達成孩子的願望。

「小時候沒零食，看到別人家小孩吃糖，難免羨慕。於是，媽媽便設法自己做麥芽糖，第一次的成品像石頭一樣硬，但她不放棄，一試再試，很快就成功了。家裡沒錢買水果，看到鄰居媽媽買水果回來，羨慕、自卑的我，會自動走開，媽媽當然看在眼裡。有一次我跟媽媽說，從學校蒸飯箱取出來的便當有怪味，媽媽沒時間幫我們送熱呼呼的便當，於是花了每個月五十元的工資，請人在她中午做好便當後。幫我們送到學校，而這便當，更有我們期盼的水果，讓同學們好生羨慕。」

媽媽最大手筆的一次，是當時讀高中的大姐看上一件毛衣，跟媽媽說了句：「那件毛衣好漂亮！」大姐說得輕描淡寫，媽媽卻記在心裡。她感念女兒辛勞幫忙家務、照顧妹妹，值此花樣年紀，重視打扮實屬正常，於是標會花了五百元幫女兒圓夢。

半個多世紀前，花五百元給孩子買一件毛衣，絕非一般人家所能爲！

但，阮虔芷給媽媽出的題目，遠勝於大姐！

當時，有位天主教的女教友去世，她剛生三個月的女兒沒人養，教會便把小嬰兒寄放阮家，放話出去想收養孩子的，可到阮家看孩子。其實，教會是認爲阮家狀況還不錯，希望阮家能夠收養！

當年的畫面，阮虔芷記憶猶新。「小嬰兒是癩痢頭，身上還有瘡，所以根本沒人要收養。嬰兒在家裡一個星期，我越看她越覺得可憐，就跟媽媽要求說，我想當姐姐，我們收養她吧！」

這個要求，就當時的家境而言，實在礙難接受。但阮虔芷以不肯上學抗議，堅持自己少吃少穿也要留下這個她已認定的妹妹。就爲了七歲的么女想當姐姐，也因爲一家人都有顆柔軟溫暖的心，於是，生活已屬不易的阮家，又多了個孩子。

面對這個需要花很多精神照顧、花很多金錢治病的小孩，媽媽無怨無悔，悉心照護。聽說茶葉水對癩痢頭有幫助，就每天用茶葉水幫孩子擦頭，只是癩痢頭雖見好轉，但身上的病還是得勤跑醫院。小孩病到奄奄一息時，心急的媽媽只能抱著孩子，長跪地上懇請天主保佑。

媽媽賣雞蛋、肉雞的錢，不夠當孩子的醫療費，無計可施下，只得瞞著家人，賣血籌錢。雖說這對養母女沒有血緣關係，但要說妹妹身上流著媽媽的血，也未嘗不可。天可憐見，媽媽終究以鮮血和汗水，換回妹妹的健康，成就阮虔芷的「姐姐夢」。

當時也有人對阮家收養女嬰一事存疑，認爲這家人已有這麼多女兒，要收養孩子也該是個男孩，怎麼又收養個女兒？因此懷疑他們是想把小女娃養大後賣錢！

其實，不只小姐姐阮虔芷認爲：「是我說要當姐姐才收養她，我有責任照顧她！」爸爸更是發下話來：「別人家的小孩，我們更要疼愛！」也因此，小嬰兒在全家滿滿的關愛中成長，而阮家四姐妹出嫁時都沒有嫁妝，唯獨這個小小么妹有！

童年

阮虔芷（左前一）與爸爸媽媽和姐姐們

阮虔芷（左前一）與親戚們合影

六、七歲時的阮虔芷

Chapter 03

誤闖籃球場

不與人爭的本性，那堪激烈的衝撞，
提鞋回鄉，重回原來的成長道路吧！

從小學到國中，阮虔芷自認功課不是很棒，但得力於個子高、體能好，運動相當出色。舉凡跳高、跳遠、賽跑等等，她都是學校代表隊。

她說：「那時候講究四育並重，我因為體育成績好，屢屢有獎學金可拿。我記得很清楚，國中時，一學期的學費是一百二十三塊四毛錢，但是期末時，我可以領到兩百元的獎學金，讀書還可賺錢，相當不錯！」

由於體育好，對於體育賽事當然特別留意。當時，台灣少棒揚威國際，她感染著少棒國手的榮耀，也意識到：原來，打球可以出國！

國小畢業時，阮虔芷就有一百五十八公分的身高，國中時期，又竄高十公分，走到哪兒，都是鶴立雞群的架勢。這樣的優勢，當然不會被埋沒。國三時，國泰女籃教練洪金生到澎湖招生，她身高夠，體能也過關，所以被錄取加入國泰女籃打小國泰（國泰女籃幼隊）。

加入國泰女籃要離家到台北，她想出國，認為打球才有機會出國，因此下定決心高中直接到台北念書兼打球。第一次要離開父母、離開澎湖，父母不捨，自己也難免有些忐忑。不過，對未來充滿憧憬的她，更多的是興奮的情緒，斑斕的願景，淡化了依依的離情。

還記得打包行李時，媽媽擔心這個、叮嚀那個，就怕她隻身在外會凍著、餓著。而她只瀟灑地隨便裝幾件換洗衣物，告訴媽媽：「不用擔心！球隊會發很多運動服給我們，還會有零用錢，我會照顧自己。」

自信滿滿的阮虔芷，就在國三畢業的那個暑假，登上第一次搭乘的飛機離開了故鄉。當飛機拉升到半空，她俯瞰漸漸縮小的屋宇建築、浩瀚無垠的海洋，滿眼盡是新鮮與震撼，內心的ＯＳ則是：我的人生將不一樣了！

因為打球，阮虔芷沒有參加聯考，而是在球隊安排下，直接進入十信工商就讀。這，也促成日後她出社會的第一份工作，就是當會計。

當時，球員們都被安排住在淡水的國泰訓練中心，每天有球隊專車接送上、下課。下課回到宿舍，放下書包吃個點心，就是嚴格的訓練，每天練球、體能訓練三小時，結束後回宿舍晚餐、梳洗、就寢。偶而，隨著球隊去當時的體育館（如今的小巨蛋），場邊觀摩學姐們比賽。日復一日，過著打球第一、課業第二，單調而緊湊的生活，別說繁華熱鬧的西門町，就連訓練中心周遭的環境，都未曾好好瀏覽過。

洞見己身與環境的不適，離開是唯一的路

原以爲即將迎向嶄新的人生，熟料進入球隊沒多久，阮虔芷就驚覺自己「入錯行」了！「打籃球除了投籃，更重視攔截搶球，可是我不喜歡跟人搶，也不會搶啊！所以我開始對打球這件事，產生了抗拒。」

此外，她的汗腺不發達，跑、跳、投籃等等，再怎麼練、怎麼操，幾乎都不會流汗。相較於其他同伴動不動就大汗淋漓、濕透球衣的模樣，怎不讓教練懷疑她是偷懶不認眞，才會滴汗不流？爲此，她沒少挨責罰，更加深她想退出球隊的決心。

當初爲了出國的夢想，興沖沖地加入球隊。但，不只國門還沒出，連球也只打了半年，她就打了退堂鼓。

她認眞檢視自己：「我除了身高長得高一點，並不合適打球，我的個性不合適！」因爲心裡抗拒，所以她變得很孤僻，每次搭交通車，一定是坐在最後一排最右邊，眼睛漫無目標地盯著窗外，心裡反覆哼唱著那時候流行的一首歌《我家在那裡》。

「我不會在人前哭，但我知道，我想家！我想回家！」

想回家，豈是那麼容易？球隊的栽培、球隊的合約，都不是輕易能抹除的。

奈何，阮虔芷去意甚堅，自己請退不成，便請來家裡最會談判的二姐，去跟球隊折衝協

調。最後，球隊拗不過阮虔芷，終於點頭讓她退出球隊回澎湖，不過有但書：不得去別的球隊打球！

其實，當阮虔芷要退出國泰的消息傳出後，華航就曾找她洽談過跳槽。但阮虔芷怎麼可能去？她明白自己搶球搶不過別人，她不適合當籃球國手，她下定決心不再打球，她只要回家，要回爸爸媽媽的懷抱！

高一下學期，阮虔芷終於轉回澎湖就讀，如願回到爸媽身邊。當初意氣風發的去台北打球，才半年就鎩羽而歸，來去之間，都是她自己做的決定，開明的父母沒有多說什麼，只在背後默默支持孩子的決定。

「現在想想，我還真佩服我的孩子，當時我只是到台北，而我女兒十七歲到法國，兒子十四歲到加拿大，他們在語言、生活習慣完全不同的國家念書，一待就是好幾年，真的比我這老媽堅強太多了。」

小國泰籃球隊打球這經歷，在阮虔芷精彩的人生篇章中，雖然輕輕翻過，卻也在她身上留下了鮮明的印記。

她笑說：「我們家姐妹的身材都纖細高挑，但我後來明顯的比姐姐們都還要壯。我想，這可能是我在十五、六歲的發育年齡，天天做體能重訓所造成。」

高三當選模範生的阮虔芷

國中時期的阮虔芷

阮虔芷（前左二）回到澎湖念高中

Chapter 04

台北打拚

雛鳥離巢振翅高飛，
初試啼聲展露身手。

小學作文最常見的題目就是「我的志願」，很多人會寫將來想當老師、醫生，甚至太空人、總統等，而阮虔芷的願望一直很明確、很篤定：我要當一個「好媽媽」！

從小立志當個好媽媽，絕對是受到媽媽的影響。

「我有很強的母愛，而且啟發得很早，我想，七歲時要求媽媽收養妹妹，我也盡心盡力的照顧妹妹，應該就是這個因素。」

想當好媽媽，首先要當個好女兒。她不忍母親爲了孩子長年操勞，想幫爸媽扛一點家計，讓爸媽過得舒心些，所以決定高中畢業後不再升學，直接進入社會賺錢。

此外，球隊的歷練雖短，但也讓她體會到澎湖的偏鄉困境。當時澎湖醫療匱乏、師資缺少，三姐和妹妹生病的經歷之外，她還記得，教英文的老師，說的是大陸濃厚鄉音的英語，讓同學們常常處於「鴨子聽雷」的狀態。所以，她要離開澎湖，去到競爭最激烈的地方打拚，功成名就時，接爸爸媽媽離開澎湖，好讓他們晚年能享有完善的醫療照顧，也給自己未來的孩子，一個比澎湖更好的學習環境。

於是，一九七六年八月十五日，她再度搭機飛離澎湖。不同於三年前參加國泰女籃時，有球隊接送並安排好一切行程作息。這次，沒有任何倚靠的她，面對茫茫前程，堅定地抱持沒有退路的心情，單槍匹馬勇闖台北！

到台北的第一份工作，是從三百多位競爭者中脫穎而出，學以致用的在貿易公司當會計，相當不容易。

當時的薪水是三千元，阮虔芷精打細算地做好規劃：一千元租房子、一千元做爲自己一個月的生活開銷，剩下的一千元寄回澎湖幫助家用。在台北用一千元生活一個月，確實不容易，但她一餐拆成兩餐，節儉生活，積極爲更美好的明天而努力。

她工作認眞投入，三個月後薪水就漲成三千五百元。這增加的五百元，孝順的她，不是用來充裕自己的生活，而是加碼寄回澎湖。

由於薪水不多，阮虔芷學媽媽那樣，努力開源節流。

當薪水漲成四千元時，她善用理財規劃，大膽的用整個月的薪水，去租了一間三房兩廳的房子，自己住一間房，其他兩間房，就以二房東之姿出租給別人。兩間房間的租金就有四千元，所以她除了支付水電瓦斯費用，以及偶而空房時的空窗期，連自己的租屋費都省了。

阮虔芷一直勤勉好學，職場上尤其認眞，因此很得公司賞識，薪水一加再加。一九八〇年她離開公司時，薪資已邁入萬元。此外，她還幫很多家公司做外帳、意外有了讓人欣羨的兼差工作，收入更加優渥，已然不再是窘迫的「月光族」了。

一雙絲襪牽動了美麗的邂逅

初入社會時，她常跟自己對話：「這不是球隊，不管喜不喜歡，只能昂首向前，不容畏縮退卻！」然而，隻身處在競爭激烈的環境中，午夜夢迴，仍然常常會感到惶惶不安。

此時，較諸她當初期許自己的「功成名就」，雖然仍有遙遠的距離，但隨著自己的努力，慢慢厚實競爭力，立足台北已然從容自在。

這期間，除了脫離窘迫的生活，更因爲有位房客在奧美廣告公司上班的機緣，開啟了她的演藝之路。

當時，奧美公司要拍「佩登斯褲襪」廣告，正如火如荼地尋覓合適的廣告片女主角。房客覺得阮虔芷的條件合適，便鼓勵她去試鏡。

鏡頭忽視不了阮虔芷姣好的外貌，以及修長的美腿，因此一試鏡就被選上，一夕之間成了廣告片的女主角。

雖然是第一次面對鏡頭，但因爲不用說台詞，阮虔芷並不緊張害怕。她細細揣摩劇本描述的意境、聆聽導演要求的表情動作，完美呈現出讓人無法轉移視線的動人畫面。當時，好多人因爲這支廣告，對阮虔芷展開熱烈追求，但她不爲所動。

美麗的成果，是要付出代價的。

「當時媽媽陪我去鼻頭角燈塔拍外景，豔陽下反反覆覆拍了一整天，我們兩個都被嚴重曬傷，回家後渾身起水泡，又痛又累。」

不過累歸累，兩萬塊錢的片酬，可是一筆相當可觀的數目，讓她歡欣雀躍許久。

尤其，當褲襪廣告紅了之後，其他的廣告、平面廣告，乃至在伸展台當模特兒走秀等等邀約，紛紛找上門來。因緣際會成爲廣告新寵兒的她，並不忘本，仍然守著會計工作當主業，只不過多兼了許多繽紛絢麗的兼差。

「佩登斯褲襪之後，短短一年間，我又拍了好多廣告，從美容化妝品、洗髮精，到餅乾禮盒、咖啡、洗衣粉、抽油煙機等等，豐厚的收入，讓我真正感覺自己可以賺錢了。而拍廣告的酬勞，我都交給媽媽，那種感覺，好開心，也好榮耀！」

未曾受過正統的專業訓練，只憑一次次演出累積經驗的阮虔芷，雖然順利開啟了演藝之路，但並沒有被名利沖昏頭。在那個沒有經紀人把關的年代，面對接踵而來的邀約，她時時警惕自己審慎以對。

嚴謹面對工作邀約，而對工作成果，則充滿期待。有段時間，阮虔芷拍攝的佩登斯褲襪和娜蜜濃美容磨砂膏廣告，都在電影院播映，她常常一個人買票進電影院，不爲電影，只爲電影播映前那短短幾分鐘的廣告片。

「在大銀幕上看到自己，感覺好興奮、好棒，所以廣告片上映後，我就經常跑電影院！」

正因爲只是想看自己，所以，每次進電影院，只要廣告片一播完，沒等電影開演，她就心滿意足的離開。後來，佩登斯也在電視播出，她終於可以少買幾張電影票了。

無心插柳柳成蔭，阮虔芷第一次覺得：「原來，我也可以這麼受歡迎！」

拍攝洗髮精廣告的阮虔芷

《台視週刊》封面

模特兒：阮虔芷

拍攝佩登斯絲襪廣告

Chapter 05

勇闖摘星路

姹紫嫣紅，春天來到，
迢迢羅馬路，星星知我心。

雖然這時的會計工作，薪水已算優渥，但演藝工作賺錢更快。因此，阮虔芷在戲劇導演沈毓立的引薦下，跳槽到知名製作人周遊的公司，身兼會計、秘書與演員等工作。

當時，周遊在華視製作《神勇嬌娃》連續劇，這也成了阮虔芷的戲劇處女作。「之前我雖然已拍過很多支廣告片，但演戲還是門外漢，只能聽著導演的指示做，他叫我怎麼演就怎麼演！」

雖然在戲劇螢光幕跨出第一步，但周遊更看重她的幕後能力，誇她是最棒的秘書，放手讓她處理行政、廣告業務、會計乃至接觸製作等工作。尤其是會計工作，周遊對她賦予絕對的信任，而阮虔芷也盡心盡力的付出，公司忙不完就把資料抱回家繼續做，絲毫不苟。

「我幫她節稅許多錢，她很慷慨，包了一集戲的製作費（當時製作費不高，大約十幾萬），額外給我當作獎勵。哇！那真的是大手筆，讓我喜出望外！」

周遊的慷慨不只如此，當林福地導演在台視籌拍《又見阿郎》連續劇，從廣告資料中看上那個「拍褲襪廣告高挑又上鏡的女孩」，輾轉找上阮虔芷時，她轉而尋求周遊的意見。大方的周遊雖然清楚自己需要阮虔芷，但更明白這個機會不容易，因此放手讓她去闖星路。在周遊的公司兩年，螢光幕前的演出雖然算不上有成績，但對她日後走上製作這條路，卻有實質的助益。

「當時經常要到攝影棚，我也不是刻意要學，但是棚裡的錄影工作看多了，也就記住了，就成了自己的資產。」

周遊對她的放手與信任，讓她全方位的實習了演藝這一行的幕前與幕後工作，爲日後紮下了根基。對於這位前老闆，她最深刻的印象就是：「許多看似不可能的事情，她卻能一一克服！」這種不畏困難的精神、勇於突破的態度，正是最值得阮虔芷學習的精神。

拍攝《又見阿郎》，算是眞正開啟了阮虔芷的演藝路。如果說周遊是她在演藝這一行的貴人，那麼林福地也必定是。周遊對她有啟蒙之功，林福地則有提攜之恩。

「林導演最能教戲、磨戲，再魯鈍的資質也能教化。他不只用言語指導，還能起身示範，務必教到你完全融入角色裡。記得有一次要我演出嬌羞的模樣，天啊！我不會呀！於是他站起身來示範演出，那嬌羞樣，我完全被吸引住，心裡忍不住低喊：『太不可思議了！他一個大男人，怎麼會啊？』」

因爲《又見阿郎》，她被提名金鐘獎最佳新人獎，也讓大家開始注意到這位演藝新秀。因此，下一齣戲《金色的故鄉》，便找她擔任女主角。

面對這樣一位上鏡又具有潛力的女藝人，台視當然不能錯過，早早將她簽爲旗下基本演員。當時，非基本演員的演出酬勞，一集戲是八百元，當上基本演員後，瞬間漲爲三千元一集。而簽約當時，《又見阿郎》雖已演出一半，但台視爲表重視，追溯整齣戲的酬勞，都調爲一集三千元。

「拍這齣戲，我領了近十萬元的酬勞。我一直認為演藝這條路不長久，所以拿這筆款項，跟朋友合開了『鉅影傳播公司』，開始從事影視幕後工作。」

雖然她有心幕後工作，但新紅旡紫，各方製作人紛湧而至，接著的《星星的故鄉》、《星星知我心》、《風滿樓情滿樓》、《回首斜陽》、《春去春又回》等等，戲劇邀約連年不斷。甚至，還曾經因爲嚴重軋戲，造成上檔戲跟備檔戲的工作人員，爲了搶她而在攝影棚大打出手。

「我一直覺得，演員接戲，是你的就是你的，求不來也逃不掉。《星星知我心》找我時，雖然很想接林導演的戲，但因為當時正在演出《金色的故鄉》，軋不出時間，他們只好另外找人。只是，他們連換幾人，等到我的戲拍完，都還沒找到合適人選，所以我就順理成章的接了。」

演藝世界多采多姿，豐富青春歲月

大約十年期間，阮虔芷演了近卅齣戲，主持過台視趣味競賽節目《歡迎來挑戰》、演過電影《感恩的歲月》，表現可圈可點。

但對她而言，演戲只是工作，星光亮不亮？自己並不在意，所以不會刻意經營。早上八點的通告，她七點五十分到；下午五點收工，五點十分必定看不到她的人影，她只當自己是電視公務員，不會特別花時間去交際應酬。

「有人說演藝圈是個大染缸，但我覺得任何行業皆然，癥結端在你要不要跳進去！」

具有知名度的女星，常是化妝品公司網羅的對象，阮虔芷也曾當過美容大使。

「當化妝品代言人上任第一天，我就覺得自己像猴子一樣，在台上給人品頭論足，心裡相當排斥。但工作已經接了，而且一天就有一萬元的酬勞，一個星期六天，真的好賺。因此轉念反求諸己，我不要當花瓶，而是以專業美容師的標準，投入研究產品性能適合什麼樣的人使用。我開始學化妝、學電腦皮膚測試……，最後能夠獨立作業，直接叫出貨號介紹給顧客，而且一做好幾年。」

阮虔芷衷心感謝多采多姿的演藝工作，豐富了她的青春歲月，但女人的青春有限，她眞心想要的，是在眞實人生中當個好媽媽，所以對幕前毫不戀棧。心願加上機緣，終究讓她慢慢從掌聲中抽離，轉進螢光幕後。

開設鉅影傳播公司，就是為了轉往幕後做準備。奈何初時她剛簽約台視，戲約不斷；之後遭遇公司虧損，她又不得不藉由拍戲賺錢，拿戲酬來養公司。直到四年後，她才乾脆把公司結束掉。

公司的創業作《中國神話故事──孫悟空》，在華視週末中午十二點五十分播出，她負責財務，並以之前在周遊那裡接觸業務的經驗，幫忙拉廣告，一集佣金就有好幾萬。

「《孫悟空》收視奇佳、廣告集集滿檔，風光又賺錢。當時，很多人叫我用外製外包的方式做節目，那樣才能賺更多錢，但我膽子小，這樣的成績已經很滿足。」

演藝事業和創業公司都處在意氣風發的狀態，阮虔芷樂得一邊當演員、一邊當老闆。只是好景不常，在公司成立二、三年後，因為代理港劇錄影帶慘賠，逼得一直想退居幕後的她，只能不斷的參與幕前的演出，接拍各類連續劇、單元劇，以酬勞來養公司。

阮虔芷苦撐一段時間後，乾脆果斷的結束公司，放慢腳步思索往後的路該怎麼走？年紀輕輕的她，在短短幾年間，經歷如此的起伏，心，累了！為此，她遠走美國休息，一來沉澱心情，二來上課學習語言。

當時，瓊瑤為華視籌拍《六個夢》連續劇，因為看中阮虔芷在台視《春去春又回》的民初扮相，特向台視借將，請她參與《六個夢──啞妻》的演出。於是，她結束美國半年的假期，第一次進大陸拍戲。

《啞妻》劇中，阮虔芷扮老，演出林瑞陽的母親，很多人疑惑，她怎會接演這樣的老旦角色？但阮虔芷卻認爲，這是非常具有挑戰性的嘗試。或許，人在迷惘中，就需要大反差的刺激！

「其實，拍攝《六個夢——啞妻》非常開心，因為第一次到大陸拍戲，處處感到新鮮，加上《六個夢》同時有三個單元一起拍攝，人多，相當熱鬧。

那時我跟李麗鳳（已故）住隔壁，她每天早上起床就沖杯咖啡，然後優雅的聞著咖啡、陶醉在咖啡香氣中，許久才就口品嚐。我看得好羨慕，覺得她好時髦，只是我有心悸毛病，喝不得咖啡，只能每天陪著聞咖啡香。」

身高一米七的她，因爲當年打籃球的體能重訓，骨架拉開，讓她老覺得自己上鏡時不夠纖細，所以每次接戲前都要拚命減肥。這次演大戶人家的貴婦，要求飽滿富泰，樂得她輕鬆上陣，享受難得的演出經驗。

以虔敬之心，向觀音大士膜拜頂禮

演過這麼多齣戲，哪一齣收穫最多？

說來有點不可思議，那竟是只客串七集的台視《新白娘子傳奇》！這齣戲，台灣觀眾關注的焦點，在扮演「許仙」的葉童和「白娘子」趙雅芝身上，然而大陸與東南亞的廣大觀眾，還鍾愛劇中端莊慈善的「觀世音」，暱稱扮演該角色的阮虔芷爲「觀音姐姐」。

「跟夏延平新婚不久，我常有睡眠障礙的情形。有一天去看公公，他正在參拜觀世音菩薩，看到我，就跪地跟菩薩說：『這是我家新進的媳婦，她最近晚上都睡不好，祈求菩薩保佑讓她有好睡眠』。因為我之前曾跟公公提到睡眠問題，看公公這樣虔誠為我祈禱，趕緊跟著跪下祈求。很奇妙，當晚回去，就一覺到天亮！」

阮虔芷笑說這結果也不知道是眞有神力？還是心理因素，覺得不該讓公公擔心？反正睡眠問題就這樣解決了。爲此，過去隨著家人信奉天主的她，從此心裡多了位信仰的神祇。

無巧不巧，那陣子好多製作單位找她扮演觀世音，其中有兩檔閩南語連續劇，她考慮到自己閩南語說得不好，在不想配音、也不願搶閩南語演員飯碗的情況下，只能推辭。

於此同時，八點檔的國語連續劇《新白娘子傳奇》也找上門，她覺得這冥冥之中的安排，有著不可抗拒的定數。因此，即便當時電視圈正鬧著「不同工不同酬」，她與製作單位對酬勞的意見無法一致，最後分文酬勞都沒領取，仍以虔誠的心、莊嚴的態度演出。

「拍這齣戲期間，為表虔敬，我全程吃素、跟夏延平分房睡、誠心打坐，務求由內而外的融入角色裡。」

阮虔芷的用心，觀眾自然能感受到。

「有一次到大陸搭飛機，機上兩位空姐看到我，興奮地拿出各自的工作手冊讓我簽名，我簽下『阮虔芷』三個字，然後把手冊還給她們。

雖然簽了名，但我心裡可納悶了，她們到底是怎麼認識我的？這時突然想到，聽說《新白娘子傳奇》在大陸很紅，所以我笑著跟她們要回手冊，在『阮虔芷』上方，加註上『新白娘子傳奇之觀世音』，兩位空姐一看，猛點頭燦笑：『對！對！就是這個！』

原來，她倆是新進空服員，那天是第一次執行任務，沒想到才飛上天就見到『觀世音』，她們樂，我也開心。」

《新白娘子傳奇》在大陸火紅的程度難以想像，重播就達千次以上，讓僅僅扮演七集「觀世音」的阮虔芷，都有意想不到的收穫。

「在大陸做戲期間，因為『觀世音』的正面形象，讓我走到哪兒都被親切的喊著「觀音姐姐」，超高的知名度和人緣，做起事來多了許多的便利。」

《星星知我心》中彬彬的養母，郭玉玲 (阮虔芷飾)

《天才房東妙房客》阮虔芷（中）

主持益智性節目的阮虔芷 (左)

演出《六個夢》之二《啞妻》中之余仲芳 (阮虔芷飾)

客串演出《新白娘子傳奇》扮演「觀世音」（阮虔芷飾）

《苦戀花》（飾吳明泰母親）

《斷掌順娘》（飾順娘母）

Chapter 06

製作路上的風光與跌宕

精緻創作贏得口碑，金鐘常客好戲連連。

眼看著年齡漸增，期盼當好媽媽的阮虔芷，滿心的焦躁可想而知。老天爺聽到了她的心聲，讓她認識了夏延平，於是，她開始尋覓朝九晚五的會計工作，準備回歸幕後，結婚生子。

這時，從事教職的大姐問她，省府有個「不行賄、不受賄」的社教節目在找人做，要不要接手？她想，一集十一萬元的製作費雖然低，但反正自己在找工作，就幫忙做吧！

當初開設鉅影傳播公司，她雖然當老闆，但沒掛過製作人頭銜。所以，成立「雅晨傳播公司」製作這個以「不行賄、不受賄」爲主題的單元連續劇《法冷情深》，算是她的製作處女作！

製作的實務，她在周遊那裡學到的，這時剛好可以派上用場。做中學、學中做，讓她的製作之路，越走越穩健。

「我的個性龜毛，雖然是個低製作費的社教節目，但我拿它當八點檔連續劇在做，所以在台視每個星期日下午三點半那種冷門時段播出，收視率竟然全國第一。」

《法冷情深》的演出陣容，有影后楊貴媚，還有彭于晏童年的身影，在阮虔芷精心打造下，播出一季，成績斐然，於是省府追加了續集，請她再做《凡塵凡人》。打鐵趁熱的她，緊接著到中視製作閩南語連續劇《良人》，精緻的品質，一舉獲得金鐘獎七項提名，並被媒體選爲年度十大製作人之一。

阮虔芷一出手就做出口碑，於是中視和她簽下製作合約，接連以《多情厝》、《火中蓮》等等戲劇，在晚間新聞前的閩南語劇時段，打出一片江山，成爲叫好又叫座的紅牌製作人。

當時，中視八點檔的成績長期受挫，主事者見她在六點半檔的閩南語時段所向披靡，乾脆大膽起用她的閩南語連續劇《斷掌順娘》登上八點檔。雖然，《斷掌順娘》更上層樓的轉換跑道，一開始受到些許阻擾，但最後仍然突圍而出，並且一舉爆紅。

之後，她接連製作《世間父母》、《珍珠彩衣》、《貞女、烈女、豪放女》等多齣八點檔好戲，都是口碑與收視保證。其中，在華視製作的《珍珠彩衣》獲金鐘獎十項提名，中視的《貞女、烈女、豪放女》更是提名十四項，還獲得最佳編劇、最佳男主角、最佳女配角等大獎，讓她穩坐八點檔金牌製作人之位。

夫妻分工，各顯長才

拍攝閩南語連續劇《多情厝》時，阮虔芷懷有大女兒，很多上山下海的外景戲，大腹便便的她實在不宜參與。於是，從沒當過一天製作人、對拍戲工作完全陌生的夏延平，只好硬著頭皮，上陣幫襯老婆。

第一天到拍戲現場，夏延平笑說自己就像個二愣子，完全搞不清楚製作人該幹什麼？他心想既然來幫忙，現場有什麼雜事他都做。只是，他才搬個東西，立刻有工作人員趕上前來接手，搞得他什麼事都沒做，只在心裡直樂呵：「原來製作人這麼大呀！」

夏延平做得開心，阮虔芷也樂得與他攜手打拚。很多夫妻不願在同一個職場工作，怕會增加摩擦、造成工作不便，甚至把工作壓力延續回家裡，所以他們一開始就有共識：

「我們都明白偏見會造成危害，所以當工作有爭執時，就找導演一起將爭議解決，絕不把問題帶回家。」

掛上製作人的夏延平，雖然是半路出家，但他早年在華航當座艙長時，總愛以文學小說打發漫長的飛行時間，對好的小說非常熟悉，也很能說故事。因此，正式參與製作工作後，他便負責尋找題材、規劃故事以及協調編劇。至於向電視台提案、洽談演員、管理工作人員以及媒體宣傳等，這些需要面對許多人的工作，就由阮虔芷負責。

「他不喜歡面對人群，但喜歡和編劇溝通劇情，他有一肚子的故事，《斷掌順娘》就是他找來的題材！他也喜歡看影片，以前看太晚了還會顧慮到我，當上製作人之後可就理直氣壯了，看到昏睡在電視機前，都覺得光明正大！」

神州初探，人情冷暖，正面思考，永不低頭

從一九九二年的《法冷情深》開始，阮虔芷的製作路，十年間走得順遂，但台灣的製作環境卻越來越艱難。二〇〇二年五月，她決定拋棄過往的封閉觀念，在新戲《時來運轉》籌備上軌道後，便把戲的拍攝工作託付給夏延平，毅然隻身赴對岸開拓事業的第二春。

當時，夏延平反對，認爲他們在台灣做得好好的，爲何要去一個陌生的地方冒險？但阮虔芷看到了台灣電視媒體式微的趨勢，不另謀出路，勢將坐以待斃。她義無反顧地跨出這一步棋，怎料卻讓自己經歷了生命中最大的轉折、事業上最大的波瀾。

「那段時間，是我工作上最大的承受和意志力最大的堅持。我由滿心歡愉的期待，墜入黑暗痛苦的深淵，整日天人交戰的內心掙扎著，咬緊牙關在冷冽寒風中硬挺，直盼到春暖花開的日子到來。期間經歷，真是寒天飲冰水，點滴在心頭！」

阮虔芷在大陸找了一位之前認識的人合作，再尋得一位台灣投資人，三方合作拍攝《無

鹽女》連續劇。由於境外人士不能在當地掛製作人頭銜，因此三方簽約，由阮虔芷全權負責拍攝，台灣投資人出資一半，大陸資方負責另一半資金以及具體合作支援工作。

當時，阮虔芷對大陸的人、事、地、物完全沒概念，只單純認爲「這齣戲必須在大陸拍」，她只要努力，用她在台灣製作戲劇的態度，一定也能成功。懷抱簡單的想法、簡單的夢，她在簽下合作約定後，明快地回台籌組人馬，七月中旬，戲在浙江橫店影視基地開鏡了。

只是，原是支援的大陸資方深入掌控主導權，彼此處理製作的方式與理念不同，主角一換再換，鬧得是是非非。而台灣資方的錢早已按約匯入統籌的大陸資方帳上，但大陸資方卻是一萬、兩萬的撥給製作費。要知道，戲一開拍，花錢如流水，這般支付製作費的方式，完全拍攝不了。

「我的大陸投資人，是以不信任的態度來合作，因此工作上處處受到掣肘。我大隊人馬進駐一個月，開銷龐大，卻因為他而遲遲無法開拍。幾經奔波，耗費時間與唇舌，直到八月才消弭歧見，三方人馬齊聚，風風光光地舉辦開鏡儀式。」

戲開鏡，原該高興，但卻是阮虔芷眞正苦難的開始！

「本以為這下可以專心在拍攝工作上，實則不然。大陸資方因為資金缺乏，無法履約付款，便推諉責任說是我定的角色不適合，必須換人重拍。

拍了一個月的戲要作廢、換角重拍，我損失重大，但形勢如此，我只能接受。只是這樣的妥協，也沒能換得真心的對待，他的資金不只沒到位，劇組的帳還被他封扣住了。我每天面對劇組固定開銷和陸續到期的演員酬勞，壓力層層而來，不知如何自處？

我曾經多次有『不幹了』的念頭，很多人也勸我放棄，但理智告訴自己，我不能擺爛拍拍屁股回台灣，否則我就沒機會再來，因為人家會說我是『落跑製作人』，所以我必須咬牙撐下去，只要戲拍完，我就贏了！

於是，我四處籌錢墊付製作款項，兩個月下來，墊付累積新台幣一千五百萬元，實在超出負荷。從九月到十一月期間，我簡直是度日如年，還好大陸工作人員相挺、影后潘虹每天送牛奶來噓寒問暖，這些精神支柱，讓我得以苟延殘喘地拍著。」

人情冷暖，那段期間阮虔芷感受很深！

「我每天醒來，腦中浮現的就是：今天銀行要軋多少錢？能找誰幫忙？這個社會原本就是錦上添花的多，雪中送炭的少！我不在意躲著我的人，但許多主動跳出來幫忙的人，永生難忘！」

像喜悅集團的黃馬琍，主動給阮虔芷電話：

「妳好不好？」

「好！」

「不要多說，給我帳號！」

隔天，她便匯了一百五十萬過去，讓阮虔芷相當感動。

「其實，那時候她正在拓展新的店面，花費極大，卻仍雪中送炭。此外，廣播人林梅芬也主動伸出援手，他們的溫情堅定地支撐著我。」

阮虔芷就這樣煎熬到戲將殺青前一個月，終於找到願意半路接手買戲的華錄百納公司總經理劉德宏，雖然價錢不高，但解了她的燃眉之急。於是，她誠心與兩位投資人商談，支付他們各四百萬人民幣（各約新台幣兩千萬元），請他們退出，解決了問題。

就這一齣戲，總計下來，她虧損新台幣五千萬元！「我感謝這個寶貴的教訓，讓我此後與人合作時，更加小心謹慎，不再重蹈覆轍。」

《無鹽女》在大陸虧了五千萬元，台灣的《時來運轉》也雪上加霜，虧損兩千萬元。由於夏延平之前專責於劇本，此番獨掌製作大權，拍攝上的開支，大手大腳慣了的他，很難掌控得宜。一整齣戲拍下來，他只隱約感覺「公司好像沒錢」，完全不知道自己嚴重透支了。待阮虔芷回台細算，才知虧了一千四百萬元。

這些數字對財團來說也許不算什麼，但對她的壓力卻是龐大到幾乎窒息。她選擇獨撐，沒有告訴夏延平，一來是他原本就反對自己去大陸，二是他不管財務，沒有門路借錢，告訴他只是徒增一個人煩惱，減輕不了自己的壓力。

《時來運轉》的際遇，與劇名反其道而行。該劇播出後期，中視基於政策因素，硬生生砍了五集戲。由於戲已拍完，該付給演職員以及後製工程的錢已付清，如今少了五集製作費可向電視台支領，一集一百二十萬，也就虧了六百萬。這和拍攝期間的虧損加總起來，共是兩千萬。

中視不只扣下六百萬製作費，財務部門還要追討拍攝前支付的一成預付款，一集一百二十萬，預付款就是十二萬，如今少播五集，所以要索回六十萬。

「當時，一家七口（夫妻、子女、媽媽、婆婆和外籍看護）要吃飯，我身上只剩五十元，哪裡還有六十萬還中視？所以，我跟夏延平一起去電視台溝通，因為砍戲的責任不在我，不能讓我一肩獨扛。

我清楚夏延平的個性，所以當他開車送我到中視門口，我讓他在車上等，自己進去商談。好在中視長官明理，同情我的處境，所以當場批示不用償還那六十萬。」

阮虔芷出來後，鬆口氣跟夏延平說不用還錢了。夏延平則以充滿欽佩的口吻問：「我看著妳走進去的背影，這種情況下，妳的腰怎麼還能挺得那麼直啊？」

阮虔芷答得理直氣壯：「為什麼不能？我又不偷不搶！」

的確，永遠正面思考的阮虔芷，再大的挫折也不會讓自己低頭，她會跟自己對話：「事情既然發生了，就一件一件解決，只要努力，我不會比現在慘！」

她，就是一朵壓不扁的玫瑰！

《法冷情深》彭于晏、曹健

閩南語劇《良人》楊貴媚、劉林、許家榮、楊懷民主演

閩南語劇《多情厝》楊貴媚、朱慧珍、邱淑宜、許家榮、素珠主演

《將軍令》屈中恆、陳慧樓、趙舜、張世、金世會等人主演

《世間父母》石峰、陳美鳳、李興文、王中皇、王識賢等人主演

《火中蓮》前左起：王渝文 / 楊貴媚 / 陳玉玫；後左起：林健寰 / 王識賢 / 林俊彥

《斷掌順娘》前：張瑠瓊 / 翁家明 / 阮虔芷；後：李興文 / 岳翎 / 馬如風

岳翎、王淑娟、楊潔玫

岳翎、馬如風

《珍珠彩衣》岳翎、天心、邱心志、庹宗華等主演

王玫導演

《貞女烈女豪放女》慶功，施易男、婷婷、阮虔芷、楊潔玫、李欣、黃文豪等

Chapter 07

柳暗花明又一村

千里馬終遇伯樂，精雕玉琢，好還要更好。

《無鹽女》雖讓阮虔芷心志備受折磨又虧大錢，但卻讓第一次買戲的劉德宏賺了不少錢。對此，阮虔芷一點也不眼紅，直說那是他應得的。

「劉總個性內斂，行事低調，他以極不打擾的方式到劇組觀察了一天，很快就決定換約接手的事。其實，來之前他已看過片花，不擔心戲的品質，他主要是來看看是誰在操辦整個製作？他說，他看到一個女子在那麼艱困的環境下還能堅持，所以毫無疑慮的做了決定。」

拍完戲到北京做剪輯後製配音工作，她跟劉德宏爭取多一個月的時間，希望把配樂做得更好。劉德宏看她已經賠到這個程度了，心裡想的不是省錢，卻是「好還要更好」，因此告訴她：「全力支援妳往好裡做！」這「往好裡做」四個字，馬上打動阮虔芷，心想，他絕對是自己將來願意合作的對象。

幹勁十足的阮虔芷，把那個讓她頭痛的「錢」字，完全拋到腦後，爲了精雕《無鹽女》，不惜巨資爲戲編寫一百六十七段襯底音樂，並遴聘卅九人的大樂團，以現場演奏方式爲全劇配樂。面對於阮虔芷這樣認眞的製作人，惜才的劉德宏，支持的方式，就是默默的打點她在北京的食宿，關心備至卻絲毫感受不到打擾。這份情誼與尊重，慢慢撫平她在拍攝前期受到的挫折。

戲的評價，隨著後製進度日愈提高，阮虔芷的用心與對品質的要求，看在劉德宏及公司員工眼中，也衍生出了另一層發展。當工作結束，她準備返台過年時，劉德宏對她提出日後長期合作的要求，要爲阮虔芷在公司裡準備一間獨立辦公室、在公司附近找一間舒適的落腳居所，希望每年合作兩百小時的電視劇。

華錄百納公司上下在工作上的支持、生活上的關懷，讓一度誓言不再到大陸拍戲的阮虔芷，敞開胸懷接受邀約，展開她在大陸將近十年的「金牌製作人」生涯。

她感慨的說：「塞翁失馬，焉知非福！過去的經歷不值得回憶，我只告訴自己，用真誠與慎選夥伴，好好耕耘未來的事業！」

全心全力，超越自己，正面溫暖，教化人心

《無鹽女》拍攝雖然艱辛，結果卻是甜美的。只是，事業上見到了曙光，情感上卻又受

到重創。父親過世後就與她緊緊相依的母親，卻在二〇〇三年夏天因病辭世，讓她長時間陷在思親的傷痛中，直到隔年才振作起來，拍攝歷史故事《李後主與趙匡胤》（台灣播出時易名《問君能有幾多愁》）。阮虔芷感觸良多的說：「大陸觀眾相當考據歷史，過去念書不認真念歷史的我，為了這齣戲，花了好多時間做功課！」

在哪裡跌倒，就要在哪裡爬起來！

阮虔芷得到劉德宏的華錄百納公司賞識與支持，江蘇的浪淘沙公司也爭取合作，於是她把孩子與家庭委由夏延平照顧，全心全力拚搏大陸市場。直到站穩了腳步，阮虔芷才與夏延平分工，夫妻在兩岸間來去交班，無縫接軌地扮演「候鳥父母」，兼顧家庭與事業。

接著拍攝的《換子成龍》，可說是她大陸事業眞正的轉捩點。這齣戲在大陸三十三省市、六十六個電視台播出時，收視全是第一名，讓她成爲大陸投資方爭相合作的對象。她，眞的再站起來了！於是，她趁勝追擊，接連拍了《順娘》、《寧爲女人》等多齣戲劇，直到二〇一一年拍攝、隔年播出的《鎖夢樓》，前後十齣戲，在她「每一齣戲都要超越自己以前作品」的期許下，精心打造，檔檔精彩，檔檔叫座。

「拍攝《順娘》、《寧為女人》這一年，我的收入是百倍成長，年收入高到我自己都想像不到，我知道，我終於在大陸站穩了腳步。」

名利雙收的阮虔芷，用三、四年的時間，補齊了之前資金的大缺口。而她的戲，永遠帶著正面溫暖、教化社會的善良人情味，因此也讓她成爲許多學校爭取的客座教授。

《鎖夢樓》是截至目前爲止，阮虔芷製作生涯的最後一齣戲，二〇一二年在湖南電視劇年度收視率評比中，獲得銀獎（金獎是《後宮甄嬛傳》），叫好又叫座。雖然事業處在高峰狀態中，但因爲她在台灣一手創辦的「逸仙扶輪社」出了狀況，由於鞭長莫及，在無法兼顧的情況下，只得忍痛放棄在大陸大好的製作事業，回台專心社務。

合作愉快，自由自在，有情有義，圈內佳話

阮虔芷拍戲不迷信大牌，而是找最合適的演員，這獨到的眼光，讓她的戲雖沒有大腕幫襯，依然光彩奪目。像《換子成龍》的馬雅舒和劉愷威，接戲之前還屬新秀，但戲一爆紅，他們的身價也一夕暴漲。

「我很少用大腕演員，主要是考量劇組的管理，我喜歡把時間花在創作上，我怕沒精力花在演員身上。當然，我不是絕對不用，只要角色合適，為了作品，再高的條件我還是會去邀請！」

演員出身的阮虔芷，深諳以戲包人、以人包戲的道理，但不管是前者還是後者，最重要的因素就是這個「人」。因此，早在台灣做戲時期，她就身兼經紀人，簽下葉全真、岳翎、潘儀君、楊潔玫等多位藝人，增加業績更方便自己拍戲的角色安排。

赴大陸拍戲後，她也帶著潘儀君、楊潔玟等藝人同往打拚，但大陸對境外演員名額有所限制，所以她再把經紀觸角伸到對岸。《換子成龍》男主角劉愷威，便是她在大陸經紀的第一位藝人。

「拍攝《換子成龍》期間，他花很多時間在劇本上，我看到他的努力，同時看到他的低調，於是我的母性又來了，這樣的孩子需要有人幫忙，否則這樣優異的條件，在香港多年卻沒被發現，所以我跟他簽了大陸經紀人的合約。」

阮虔芷對旗下藝人，就如同自己小孩一樣，悉心呵護，但希望他們自我管理，除了戲劇題材選擇的商量，其他諸如感情、生活等，她從不予干涉。

「能合作是緣，緣盡要走，我也放手！地球是圓的，不要弄得不愉快！」

《換子成龍》女主角馬雅舒，也在劉愷威之後加入阮虔芷旗下，阮虔芷在大陸拍十齣戲，她就擔綱了六齣。感性又義氣的她，認為自己的走紅，全是阮虔芷栽培，所以即便有人挖角，也不離不棄。最讓阮虔芷感動的是，當她決定放棄大陸事業，回台專心經營扶輪社事務時，勸她解約，但一心報恩的她就是不肯。

「我跟她說，我不在大陸，照顧不了她，請她另請經紀人，但她始終不為所動。我回台六年後，才在我不斷勸說，並且幫她洽談了合適的經紀人，結束我們合約上的關係。」

這對有情有義的經紀人與藝人，在功利的演藝圈，堪稱佳話！

《無鹽女》潘儀君、邱心志、何苗、潘虹等主演

《問君能有幾多愁》吳奇隆、潘虹、劉濤、黃文豪、劉真主

《換子成龍》杜淳、劉愷威、馬雅舒、程莉莎、楊潔玫主演

柳暗花明又一村

《寧為女人》馬雅舒、杜薇、黃文豪、陳冠霖、劉思彤主演

《順娘》馬雅舒、劉愷威、劉雪華、岳躍利主演

《誰知女人心》馬雅舒、劉愷威、劉雪華、謝祖武主演

《愛情有點藍》馬雅舒、楊明娜、謝祖武、況明潔、竇智孔、沈泰主演

《鎖夢樓》馬雅舒、高雲翔、謝祖武、史可、江淑娜、楊蓉主演

《難為女兒紅》何家勁、梁又琳、黃文豪、潘儀君等主演

《魯冰花》竇智孔、楊蓉等主演

Chapter 08

窈窕淑女 君子好逑

年少不知情難走，
對的時間，遇到對的人。

佩登斯廣告乍紅時，有不少人對阮虔芷展開瘋狂的追求，但她不爲所動。因爲，年紀輕輕的她，在踏上星途之前，已是羅敷有夫。

阮虔芷和前夫算是青梅竹馬，他們是國中學長學妹的關係。當時二年級的她，每次要上洗手間，都得經過三年級的教室，而三年級的他，就會守在窗前盯著她看。演員趙學煌和他是同窗好友，幫著他展開追求，只是這純純的愛苗才孳生，已是驪歌高唱的季節，他，接著要飛高雄讀陸軍幼校。

曾經，阮家父母爲了照護好家中眾多的女兒，對「澎湖到處是軍人」的環境相當介懷。然而，她這初戀男友，恰恰是個軍人！

阮虔芷笑說：「開始因為年紀還小，當然瞞著爸媽，後來他們雖然知道了，但因為他也是澎湖人，了解他的家庭，所以沒多加阻攔。」

這段情，從一開始就註定要兩地相思。他到鳳山讀陸軍幼校、陸軍官校，一待七年。她則在國中畢業後，先到台北打球，半年後退訓回澎湖念高中，畢業後再飛台北當會計、拍廣告、進演藝圈。異地相隔的兩人，想要見面，唯有利用假日奔波在遙遠的距離間。

「為了想見面，我高中畢業到台北打拚時，不是直飛台北，而是飛高雄和他碰面，然後兩人搭八個小時的平快火車一起上台北。」

八個小時雖不足以傾訴漫長的相思，但一抵台北，理智立刻凌駕情感，她收起滿懷的兒女情長，投奔姐姐家，跟姐姐借了兩百元，給他和同學們去鷺鷥潭露營，自己則武裝心緒，投入職場迎戰各種試煉。

七年來，小情侶相聚的時間雖不多，但不影響兩心相繫。男友畢業前，遭遇父母離婚的衝擊，以及苦惱著畢業後若分發到金門或馬祖，在當時的時空背景下，兩人想要見面難度更高。母愛豐沛的阮虔芷，認爲自己可以給他愛，彌補父母婚變的家庭溫暖，同時也爲了安定對方擔心自己「兵變」的心，毅然告訴他：「如果你抽中『金馬獎』（分發抽籤時抽到金門或馬祖），我們就結婚！」

於是，阮虔芷在廿二歲那年，步入了婚姻禮堂。因爲，男方在畢業分發時，眞的抽中了「金馬獎」，分發到金門服役。

對於這樁婚姻，大姐憂心相勸，希望年紀輕輕的她，再多加觀察、仔細考慮，千萬別倉促地早早步入婚姻生活。但阮虔芷認爲，既然有了承諾，就必須做到，所以還是披上婚紗嫁人。

遠距離的戀愛不易談，遠距離的婚姻更難經營。十一年的婚姻關係，兩人相處的時間數得出來，加上生活、工作環境的差異，幾乎沒有共同的話題。最終，這對聚少離多的夫妻，還是走上了離異一途。

他，是對的人嗎？

遇到現任丈夫夏延平，是乾兒子夏振皓（童星皓皓）居中牽的姻緣線。因爲，夏延平是皓皓的二伯，從華航座艙長退休後，當時從事室內設計的工作。

從小立志當好媽媽的阮虔芷，由於與前夫常態性的天各一方，遲遲無法如願當媽，乾脆藉由拍戲合作的機緣，收皓皓當乾兒子，過過當媽媽的「乾癮」。

第一次見到夏延平，是在環亞飯店看皓皓作秀，中午休息時間，皓皓提議去附近的二伯家坐坐。

「看他從走廊那端走過來，還來不及看清他的臉，就覺得：哇！好大一個頭！」一開始，阮虔芷對這個「大頭」並沒有特別的感覺。只是從此以後，只要她到皓皓家，他就會出現，想來是有人給他通風報信，要撮合他們。

「後來我才知道，喜歡打麻將的他，只要聽說我要去皓皓家，立刻暫停牌局開車趕過來。當我要離開時，他就坐我的車送我回家，然後搭計程車到皓皓家取車、回自己家給我打個『到家了』的報平安電話（當時沒有行動電話），再奔出門繼續牌局。為了追求我，他真的夠折騰了！」

夏延平有多喜歡阮虔芷？

有次兩家人約著一起吃飯，她穿著一件露背裝，他驚豔到悄悄跟姐姐說：「口水都快流到她背上了！」

當然，閱人無數的他，外貌不是主因，她的從容優雅、體貼入微，才促使他渴望著一次次的相聚。而她因爲父親的關係，相當排斥打麻將，只是，當她知道夏延平愛打牌時，兩人已確立了戀愛關係。

阮虔芷也曾打過主意不理會夏延平！因爲，兩人交往沒多久，夏延平就帶阮虔芷去見父母，但是，他的父母竟然是住在山上的老人安養中心！把父母「丢」在養老院的舉措，讓孝順的阮虔芷哪能接受？因此，下山的路上就暗自決定：我不要跟這個人在一起！

其實，住老人安養院是兩老自己安排的，孩子們事先都不知道。公公之前是警察局長，婆婆是熱愛社交的貴婦，但開明的兩人，在確定退休前，就爲了不想麻煩子女，自己訂好山青水秀、設備完善的翠柏新村安養中心，一退休就直接搬進去。

了解眞相後，阮虔芷慢慢觀察夏延平，發現他雖然有點像公子哥兒般嬌生慣養，但脾氣很好、很善良，並且會配合阮虔芷的孝心，經常約阮媽媽一起吃飯，給了阮虔芷極佳的印象。

有一次阮媽媽的腳出現異狀，阮虔芷憂心地跟夏延平傾訴，夏延平仔細問明病狀後，依他空勤服務多年的歷練，告訴阮虔芷：

「應該是丹毒，快！趕快送醫院！」

還好送醫及時，保住了阮媽媽的腳，因爲醫生說，再晚些送醫就得截肢。

阮虔芷由衷表示：「他不只對媽媽好，更會主動關注媽媽的健康，這點讓我很感動！」

夏先生！怎不見你的下一步呢？

結婚，是阮虔芷開的口！

因爲，她急著想當媽媽！

一九九二年，一個平常到不復記憶的場景，卅五歲的阮虔芷直白地問夏延平：「你要不要跟我結婚？因為我想生孩子！如果你不結，那我就去找別人，我們不要浪費時間！」

阮虔芷突如其來的「求婚」，雖然毫無浪漫可言，卻讓夏延平的男性自尊大受鼓舞，暗自感到驕傲而竊喜，稍作猶豫便答：「好啦！我相信妳會是個好媽媽。」

簡單扼要表明想婚的阮虔芷，爲了更確定彼此結合的態度，不惜接著把醜話說在前頭：「以後，如果你不滿意我，我們可以離婚，但小孩都要歸我！」

還沒結婚就提離婚，整個過程帶著談判色彩，而且重點好像在於男方的「精子」而非「人」，實在有夠另類。還好，夏延平陶醉在「被求婚」的喜悅中，凡事不計較，一切都聽阮虔芷的。

當時已四十好幾的夏延平，雖然有過精彩的情史，卻因抱持著不婚主義，始終單身一個。但在碰到阮虔芷後，便跟夏媽媽說：「我應該跟她會有『什麼』！」

「什麼」的意思，夏家二老聽出了端倪，心裡固然高興，但衡量他的過往情史，又不敢太樂觀。

兩老對於笑口常開、溫暖有禮的阮虔芷，打一見面就疼在心裡。有一次，兩老去看阮虔芷作秀，後台盡是嘻笑聊天的人，不知兩老到來的阮虔芷，獨外於嬉鬧圈，靜靜坐在一隅繡著十字繡（她喜歡十字繡，有段時間身邊隨時都帶著繡花工具），讓婆婆印象大好，直呼娶媳當如此。

於是，夏爸爸鄭重地跟夏延平表明立場：「如果你結婚娶的不是阮阮（公公對阮虔芷的暱稱），我不會出席婚禮！」

當確定夏延平要娶阮虔芷，夏家二老高興之餘，更慎重其事地張羅婚禮事宜。

阮虔芷說：「公婆真的對我很好，明明知道我是二婚，但還是做足禮數，親自上門到我家提親。老人家對我的重視，我一直銘感於心。」

都說婆媳問題世間難免，但阮虔芷恰恰沒有。因爲，她侍公婆如爸媽，公婆待她如親女。尤其在婆婆面前，連夏延平都討不到她的便宜。

她笑說：「有一次，夏延平虧我穿著打扮不如他前女友，我沒當一回事，可是婆婆不依，讓我把衣櫃的衣服都丟掉，叫他全部買新的給我。」

連這種小事都有人挺，也難怪阮虔芷總是滿懷感恩的說：「有這樣的婆家，我真的很好命。」

乾兒子夏振皓

窈窕淑女君子好逑

Chapter 09

夫妻如室友

情感昇華，相敬如賓，
愛雖淡了，情更親了。

「決定嫁給夏延平，全憑女人的第六感，覺得自己配他剛好！」阮虔芷積極敢衝，是行動派；夏延平熱愛自由而偏於保守，兩人恰可互補。難能可貴的是，他們從不要求對方遷就自己、配合自己去做改變。當有一方在外碰到事情時，如果覺得不是非說不可，另一方也不會好奇探究，讓彼此在婚姻生活中，還能享有最大化的自由。

阮虔芷笑說：「我們生活作息不同，算是同睡一張床的室友，一張床輪流睡，他早睡早起，我晚睡晚起，有時我睡覺時，他都已經出門了！」

性格獨立的阮虔芷，工作上碰到了狀況，總是自己承擔、自己解決，她不會告訴夏延平，因爲「多一個人知道只是多一個人擔心！」她總是惕勵自己：「只要努力，就會比現在更好！」

比如，她首次在大陸拍戲栽了千萬人民幣，千辛萬苦才從谷底慢慢爬起來。事發兩年後，夏延平才在剪接室從一位導播口中得悉一、二。當時，導播跟夏延平說：「你老婆眞不容易，那樣的環境還能撐下來！」夏延平不能細問對方究竟出了什麼事，只能笑笑，回家後再問：「妳那時候是怎麼了？」阮虔芷輕描淡寫：「沒事！都過去了！」夏延平也沒好奇心追問，一樁在任何家庭都可掀起滔天巨浪的大事，竟如鴻毛般翩然飄過！

「兒子後來跟我說，因為同學告訴他『你媽媽很有名』，所以上網去查，結果看到我拍戲虧很多錢的事，他很奇怪，為什麼家裡都沒感覺？」

這也足以說明，她強韌的意志力以及宏偉的母愛，把整個家保護得多麼周延！

阮虔芷熱心公益，在扶輪做得有聲有色。扶輪有許多夫妻一起出席互動的場合，唯不見從創社社長到地區總監的阮虔芷，有夫陪同。

「他不喜歡與陌生人同處，那會讓他非常不自在。有一次他無奈的出席，但活動才開始，就不停地在我耳邊嘮叨：『我已經露過臉了，可以先走吧？』他尊重我的喜歡，從不干涉我參加各種活動，那我也要尊重他的不喜歡，所以決定再也不去勉強他！」

不曾吵架的原因是基於相互理解

不干涉、不勉強，會不會衍生成不關心？

有一次他倆的結婚紀念日，阮虔芷收到扶輪社友的鮮花祝福，於是抱著幾大束鮮花回家。夏延平見她幾乎被花束淹沒，忍不住調侃：

「呦！還自己買花抬身段啊？」

阮虔芷沒生氣：「是社友送我們結婚週年的禮物！」

尷尬的夏延平趕緊自我解嘲：「喔！時間過得還眞快，我日子舒服到都忘了今夕是何夕？」

夏延平從不在意節日，阮虔芷也無所謂。他們不是不關心、不愛對方，而是理解對方的習性與感受，所以結婚至今未曾吵過架。

近幾年，他們更是分房而睡，減少對彼此的干擾。即便知道對方在各自的房間裡，有事也是用 Line 聯繫，眞的是「相敬如賓」。

一九九三年，大女兒夏筱婷出世，讓滿心期盼當媽媽的阮虔芷，終於如願以償。相隔三年，兒子夏瑋辰報到，兒女雙全之福，阮虔芷開心，婆婆更是樂開了懷。婆婆很感謝阮虔芷，感慨地說：「我從沒想到他（夏延平）會有抱小孩的一天！」

相較之下，結婚、生子對夏延平來說，是一連串的驚奇大考驗。畢竟，他單身多年又獨居，自由自在慣了，新鮮過後，更多的是自己心態的調適。

對於婚姻，他說：「沒想到結婚後會有一個人廿四小時跟在身邊，眞的有點受不了！」

女兒出生後，他更覺得不可思議。

「人生實在太奧妙了，怎麼平白就多了個活蹦亂跳的小孩，在家裡到處轉？」那個「廿四小時跟在身邊」的人，其實忙得常常跟他照不上面。但孩子不同，年紀越大越戀家的夏延平，幾乎扮著全職奶爸。也因此，有次夏延平生日，阮虔芷問他有沒有想要的生日禮物？他認眞的回答：「可不可以請妳把孩子帶出去，讓我一個人在家待一天？」

努力「適應」丈夫與爸爸角色的夏延平，其實有點重男輕女。阮虔芷說：「那年我們四個妯娌先後懷孕，都生女兒，他就說：『如果我們生的是兒子多好！』」

阮虔芷不接受他的論調，所以懷老二確定是兒子時，就跟陪同前去產檢的姐姐說：「不要告訴他，我不想讓他高興得太早！」結果，姐姐罵她：「妳傻啊！早點告訴他，早點過好日子呀！」

生六個小孩是阮虔芷的夢想，但剖腹產只能三次，於是她在生完老二後跟夏延平商量：「我們去做個龍鳳胎，湊成兩男兩女！」但夏延平不同意：「我們年紀這麼大了，如果生出來的孩子不健康，那也會連累現在的兩個孩子！」這個說法，阮虔芷接受。只是多年後，發現這一對兒女竟如此乖巧優秀，再後悔當初沒多生幾個孩子，已然遲了。

其實，兩個孩子之間，阮虔芷還流產過一次。由於當時正忙著拍攝《火中蓮》連續劇，加上女兒只有一歲半，所以知道懷孕時，有點懊惱的說：「我不想現在要孩子啦！」之後，由於忙碌，對腹中胎兒也就沒太在意。

《火中蓮》開播那晚，她看完播出後告訴夏延平：「我覺得孩子不在了！」夏延平立刻起身帶她看醫生，果然，當時該是十一週大的孩子，早在七週大時，便已胎死腹中。這讓她非常難過，回家的路上哭得很傷心，因爲她覺得自己從沒愛過那孩子，孩子感受到不被歡迎才會流掉。

昔日貴公子，洗手作羹湯

夫妻生活，貴在相互的配合。一向本著「夫字天出頭」的阮虔芷，過去即便再忙、再多應酬，都會選在最接近夏延平用餐的時間，把飯菜做好才出門；晚上再晚回家，也會把女兒隔天的便當做好才休息，決不麻煩夏延平。相對的，過去的公子哥兒夏延平，婚後點點滴滴的改變，那才叫阮虔芷驚喜連連！

阮虔芷說：「他以前一天抽三包三五牌香菸，生女兒時，他想抽菸，不是到陽台，就是在廚房開著抽油煙機吞雲吐霧。生兒子時，因為看到讀者文摘有篇文章寫道『小孩抽二手菸可能猝死』，隔天立刻戒菸，幾十年的老菸槍從此沒再碰過香菸。」

不只如此，隨著孩子長大的開銷，他自動減少打牌次數。而在拍戲造成嚴重虧損時，阮虔芷告訴他經濟有點困難，可否不打了？他雖沒問如何困難，但當真就此戒賭！

他越來越節儉，心思都在孩子身上，沒有別的開銷。阮虔芷常笑說他和家裡的毛孩子「多比」，是相處最緊密的老人與狗，幾乎不出門的他，早晚的遛狗，算是唯一的活動。

最不可思議的是，過去的夏延平是「君子遠庖廚」，如今卻是全家仰仗的「家庭煮夫」。而這改變，全為了阮虔芷！

十幾年前，阮虔芷就曾被徵召擔任地區總監，但當時她以「會造成離婚」為由婉拒。二〇一七年再度洽詢她接手總監的意願，她想到二〇二一年世界年會在台北申請成功，有心做好地主國的工作，要讓全世界的扶輪人對台灣刮目相看，因此答應徵召。

承接總監工作，阮虔芷準備好全心投入，卻沒準備好如何跟夏延平開口？因為，這項工作比起過去，勞心勞力、忙碌倍增，絕對影響她對家庭的照顧。因此，開始時，她還抱持鴕鳥心態，交代住家大樓的接待櫃台：「如果收到我的文件，上面有註明『總監』兩個字，請幫我收起來！」她想，只要藏起文件，就能隱瞞夏延平。

當上總監，芝加哥總部要有夫妻合照，但他們除了結婚照，幾乎找不出其他能用的。剛好，這時在美國念書的兒子休假回國，阮虔芷藉口拍全家福，順利交了差。

但，隨著上任日期逼近，阮虔芷在家的時間越來越不定、越來越少。夏延平當然有所警覺，就算不問，從臉書、網路也能窺得一二。於是，夏延平默默地穿上圍裙，看著

YouTube學做菜，負責家裡餐食以及女兒的便當，以實際行動相挺，幫阮虔芷解決了後顧之憂。

二〇二〇年七月一日是阮虔芷接任總監的大日子，前一天晚上，夏延平守著晚歸的她，說了聲：「恭喜妳！」阮虔芷答：「謝謝！」什麼都不用多說，這就是他們夫妻的默契！

說起家裡的「家庭煮夫」，阮虔芷總眉飛色舞，萬分崇拜的誇讚：「他是料理天才！」

夏延平的處女秀，是做上海紅燒肉！

「我當時在外面忙，聽到他下廚的奇聞，當下就告訴自己，不管成品好壞，回家都要誇讚說『好吃』！結果，真的是太令人驚艷了，那紅燒肉好吃到我都顧不得減肥了！」

不只阮虔芷，女兒更是諂媚的猛抱爸爸大腿，誇爸爸的料理「幾霸李咋分」（一百二十分）！雖然阮虔芷總笑說女兒是「騙子」，太會灌迷湯，但她若非眞心，怎麼連感冒發燒到糊裡糊塗的囈語，都是：「我想吃爸爸的便當！」

夏延平享受著如潮的佳評，樂得天天接受女兒點菜，只要女兒說得出來，夏延平絕對使命必達。爲此，女兒偷偷問阮虔芷：「我如果說想吃麵包，回家會不會就看到家裡有麵包機？」

給女兒做便當，儼然成了夏延平日常生活中最大的樂趣，所以，他總是在星期天就列好表，把一週便當的菜色告訴女兒。女兒想吃的每一種菜，夏延平都會學習三家的作法，然後綜合出最符合家人需求的口味。

「很奇怪！從他入廚房以來，沒有失敗過耶？」阮虔芷佩服之餘，不免好奇夏延平百分之百的成功率。但是，當她看到廚房裡各式各樣從沒見過的工具、香料、調味罐等等，終能體會「工欲善其事，必先利其器」的道理。

「有天在家裡開視訊會議，中場到廚房添加熱開水，恰好看到他用磅秤在秤馬鈴薯，心裡忍不住竊笑，哪有人做菜還用磅秤的？」

但阮虔芷知道他正爲了「小三」（女兒）在精心料理菜色，所以即便心裡不以爲然，臉上絕不動聲色。因爲，她太享受這樣的角色互換了！

agie & Jun
ement Party 7.13.2015

Chapter 10

百善孝為先

父親驟逝，憾未反哺，
從此，母女相隨比目連枝。

父親走得太早，是阮虔芷最大的遺憾！

一九八〇年大年初八，才在澎湖和家人歡度新年，剛結束年假返回工作崗位的她，驟然接到家中傳來的噩耗：爸爸心臟衰竭過世！

「真的是晴天霹靂，事先毫無徵兆，爸爸就是突然的心臟痲痺，才十分鐘就往生了！」拭不乾潰堤的淚水，無法接受事實的阮虔芷，立即飛回澎湖奔喪。她實在難以相信，新年團聚的歡樂旋律猶在耳畔，怎麼才短短幾天，就變調成了天人永隔的哀樂？

「安祥躺在那兒的爸爸，口袋裡僅剩兩百塊錢，我哀痛欲絕地在內心呼喊爸爸，為什麼沒等我功成名就？沒等我讓爸媽享福？『樹欲靜而風不止，子欲養而親不待』這句話，此刻才知道是如此深沉的悲哀。我知道爸爸已經不會回應我，只能請他放心，告訴他我會照顧好媽媽！」

阮虔芷說到做到，父後百日，便把媽媽帶離澎湖。儘管自己已爲人婦，但仍堅持要帶著媽媽！

當時，因爲前夫常駐金門，阮虔芷帶著媽媽同住，順理成章。此後廿幾年，她都把媽媽揣在身邊，也許姐姐們會抱怨她沒分些孝順媽媽的機會給她們，但她不管，只要媽媽開心，她不在乎自私。

母女倆都很獨立堅強，所以相依爲命的日子，相互照顧卻互不干涉。那時阮虔芷剛跨足演藝圈不久，還處在摸索階段，而這個行業跟媽媽的距離更遙遠，所以她拍戲時，「星媽」從來不跟隨。不過，有個人人認識的明星女兒，媽媽還是感到驕傲，因此阮虔芷拍戲忙碌時，會鼓勵媽媽出門找朋友、帶朋友到她熟識的餐廳吃飯，然後簽阮虔芷的單而不用付現金，讓媽媽感到很有面子。

阮虔芷登台作秀時，因爲秀場表演時間不像拍戲那麼冗長，所以媽媽會陪同幫忙照看隨身物品。

「餐廳秀都有印著登台藝人照片的宣傳單，餐廳服務生會在門口派發，有人接過看了兩眼便隨手丟在地上，媽媽看到了就會去撿。因為，宣傳單上有我的照片，她說：『我女兒的照片怎能任人隨便踩？』」

阮虔芷台上演出，搭配舞群歡快地唱跳著「濃妝搖滾」、「熱線你和我」，媽媽則是台前、後場兩邊跑，不管她唱什麼？跳得如何？媽媽都認爲：「我女兒最棒！」

丈母娘共處屋簷下

再嫁夏延平時，她在婚前就先聲明：「我媽要跟我們同住！」原以為「帶著媽媽嫁」的條件，會嚇到夏延平，怎料他淡定回答：「我知道！我概括承受。」

「一加一等於三」正是婚後寫照，夫妻倆和丈母娘同住一個屋簷下，對單身獨居慣了的夏延平而言，自然有諸多不便，但他甘之如飴。而丈母娘也很識趣，不願過度打擾新婚夫妻，總是堅持自己料理自己的飲食，閒暇就搭公車出門找朋友。阮虔芷了解媽媽，所以不強迫媽媽跟他們同吃、同作息，讓媽媽享有自己喜愛的生活方式。

儘管如此，母女倆親密溫馨的互動不少。

「小時候最喜歡媽媽幫我掏耳朵、剪指甲，把媽媽接來同住後，不知不覺就互換了角色。媽媽喜歡趴在我大腿上，邊讓我輕柔的掏著耳朵，邊聊生活瑣事，就算兩人都沒說話，感受著彼此的體溫、呼吸氣息，那種親暱的感覺也很享受。」

阮虔芷出生時，媽媽卅六歲，而她也在卅六歲生大女兒。正因為差距大，媽媽一直覺得自己看不到她的孩子，沒想到不僅看到，還能跟孩子們同住一起享受天倫之樂，因此對孩子們特別疼愛，總能幫著新手爸媽照顧孩子。

家有一老，如有一寶，但老人家也需要特別的關照。夏延平體察阮虔芷的孝心，很多事都搶在她之前做。比如，當全家搬出夏延平當初獨居的住所，換一間較大的房子時，從事室內設計的他，首要工作，就是幫丈母娘打造無障礙空間。他的「超前部署」，讓阮虔芷相當窩心。

夏延平唯一一次對丈母娘大聲，是丈母娘在煮東西時，沒注意到鍋子下面黏了個小孩用的塑膠盤，直接放到爐子上就點火。沒多久，塑膠燒熔的臭味與黑煙，驚得夏延平從房間衝出來，急躁地對丈母娘嚷著：「妳看！妳看！都沒注意！」

夏延平是嚇到了，但丈母娘何嘗沒受到驚嚇？她甚至滿肚子的愧疚，好怕燒了房子、害了全家。阮虔芷安撫媽媽、收拾殘局後，回房問夏延平：

「如果這件事是你媽媽做的，你會怎樣？」

「我會不說就算了！」

「對！那就算了！」

媽媽的疏忽確實嚇人，但再加入快速失智的婆婆同住後，家裡雞飛狗跳的事情就多了。

婆婆媽媽鬧成杜鵑窩

阮虔芷懷大女兒時，公公肺癌過世。

「公婆一直很疼我，所以儘管人家說懷孕少進醫院，但我一樣勤於探視。公公很開心，偷偷跟我說：『妳不要告訴別人，出院後，我要住妳家！』公公沒能出院，走的時候全身插管，無法言語，但還勉力寫了個『謝』字給我，只是當時他已無力，所以一個『謝』字，隨著癱軟的手向右下滑，成了『言、身、寸』三個字。」

公公往生後，婆婆沒幾年就開始出現失智前兆，吃起了預防失智的藥。有天，夏延平跟婆婆通電話，回房後，阮虔芷問：

「媽媽好不好？」

「好！」

「你怎麼知道？」

「她說她很好啊！」

「老人家的好，是要用眼睛看、用心感受，不是用耳朵聽！」

「妳什麼意思？」

「把媽媽接來一起住！」

阮虔芷這話，讓夏延平有點驚嚇到，但也感動莫名。而阮虔芷的想法很單純：「憑什麼他能照顧我媽媽，我卻不用侍奉他媽媽？」

「其實，我原本有點擔心，因為我媽是鄉下人，婆婆是見過世面的官夫人，這樣一對親家母要天天相處在一起，不知道合不合得來？所幸我只是窮緊張，我媽媽很尊敬婆婆，婆婆對我媽媽也很溫和友善，相處相當融洽，像個姊妹。」

但是，疑慮才消，問題再起！

「都說打牌、跳舞能防老人失智症，我不相信！因為婆婆最愛打牌、跳舞，但仍快速地失智！」剛搬來同住時，婆婆只是很愛重複說同樣的話、對著空椅子說話。但僅是這樣，已足可讓他們家變成了「杜鵑窩」！

「我媽重聽，卻又不願讓人家知道她聽不到，所以只要看到婆婆張嘴在說話，她就趕緊開口答腔。問的話本來就沒啥意義，答腔的又答非所問，結果是雞同鴨講又熱鬧滾滾，旁邊的人聽著，都快瘋了！

媽媽出門，回答婆婆問話的當然是我們，在『不能不理卻又很可能說了也是白搭』的情況下，我們和女兒、兒子想出一個遊戲：排表定值日生，由值日生負責跟婆婆互動，如果當天婆婆狀況特別多，值日生累了，就跟下一個輪班的人使個眼色，提前遞補上來接手。」

應付婆婆的「喋喋不休」、餵食餐飯、梳洗等等都不算什麼，重點是得二十四小時盯著她，因爲，病況越來越嚴重的她，還會吃衛生紙、喝洗髮精，甚至，稍一疏忽她就悄沒聲息地開門出去，然後徬徨街頭回不了家。

「有天晚上她從房間出來，我看到她鼻樑兩側和耳朵旁都紅紅的，以為她受傷流血，當場嚇壞了，衝上前細看才發現是口紅，猜測她可能把口紅當薄荷在擦，為免她天亮時被鏡中的自己嚇到，趕緊幫她清洗乾淨！」

婆婆狀況層出不窮，家人爲了分秒不離的看顧她而疲於奔命，深怕一個不注意就出問題，壓力眞的如山大。最後，在大姑的建議下，送婆婆到收療有失智住民的三總附設護理之家，讓專業做照護。

「要送婆婆去護理之家，女兒強烈反對，甚至撂下話來：『你們如果送奶奶去，以後你們老了，我也送你們去那裡！』我們花了好大的力氣跟她溝通、帶她去護理之家看環境和醫療照護，最後她才免強同意。

我曾做過有關失智照護的公益，如今能讓失智婆婆受到良好的照顧，是意想不到的回饋。對婆婆，我唯一感到難過的是，在她臨終前，看到她鼻頭上有顆很大的黑頭粉刺，因為怕她痛，沒幫她擠乾淨，害得愛美的婆婆帶著粉刺去見公公！」

為媽媽換上美麗的旗袍

媽媽比婆婆早走十年，還好當時婆婆已經失智，不至於因爲失去常伴左右的親家母、老姐妹而傷心，但偶爾還是會問起！

媽媽常住院，但她意志力很強，每次預告自己多久能出院，當眞時間一到就好了。

有次媽媽出車禍，鄰居打電話到台視找到阮虔芷，當她急匆匆趕到，媽媽正被抬上救護車，她連忙跟著上車。看著她焦急的臉，媽媽安慰：「放心！我兩個星期就出院……啊！啊！……」後面的叫聲，是隨著救護車高速轉彎的離心力，斷腿甩離擔架牽扯的椎心疼痛，阮虔芷趕忙把媽媽的腿拉回來，讓媽媽別多想，安心療傷。但，媽媽眞的住院十二天就回家了！

最困擾媽媽的是糖尿病。

「她從不知道自己有糖尿病，一開始是覺得自己肩頸不舒服，因此到附近找整脊師拉脖子，怎知拉著拉著，竟然昏了過去，送醫一查，血糖九百多。雖然知道媽媽喜歡甜食，但這是第一次聽到她有糖尿病，所以對這個數字所代表的意義，完全沒有概念！

後來，她手指受傷一直不能癒合，醫生說要截肢，她抗拒，說如果截肢就不活了，所以醫生讓她試一種新藥。嘗試新藥後，她樂觀地告訴我，很快就能好轉。果然，沒幾天她就痊癒出院。」

媽媽因糖尿病所苦，沉痾廿年，洗腎十餘載。阮虔芷採腹膜透析的方式，每天早晚的六點與十二點，一天四次，在家幫媽媽洗腎。事必躬親的她，再忙都會定時趕回家，只有赴大陸拍戲期間，才會交由看護代勞。

「幫媽媽洗腎都快洗成專家了，只要壓一壓她的腳，我就知道『喔！今天要洗二點五（公斤腹膜透析液）！』『哈！今天情況不錯，洗一點五（公斤腹膜透析液）就可以了！』但是一天四次撕腹膜透析液的塑膠袋（很難撕），有一陣子我撕到右手大拇指和食指都動不了，醫生說這是職業傷害，打了少量類固醇的藥，才讓我的手指恢復活動。」

二〇〇三年一入夏，媽媽便因肚子痛住院。這次，她沒預告出院時間！

「我們母女從不忌諱談生死，她甚至幫自己做好壽衣。我每年幫她拍張美美的照片，也徵詢萬一哪天走了要怎麼置辦？她只交代想穿旗袍、不要放冰櫃！」

因為洗腎，身上有條管子，所以媽媽旗袍雖多，卻多年穿不上身。這次因為腸子失血性阻塞，為了開刀而拿掉管子，但她卻在手術後陷入昏迷，沒再甦醒過來。七月七日，原本要幫媽媽做氣切，子孫輩們全部到齊關切、幫她加油打氣，她卻血壓急降，只好取消手術。冥冥中，像是媽媽有心召集心愛的家人來送行，當大家握著她的手傾吐對她的愛時，她嚥下最後一口氣，圓滿了此生。

強忍失恃之痛，阮虔芷將媽媽遺體從林口送到台北第二殯儀館，但當時二殯沒有停屍棺，她記住媽媽「不要冰櫃」的遺言，當下立刻轉台北第一殯儀館。路上，阮虔芷在心裡默念：「媽！對不起！讓您在台北市繞了一圈！」但抵達一殯拉開屍袋時，姐妹們都驚呼：「媽媽笑了！」

不要冰櫃、拔除管子穿上美美的旗袍，媽媽都如願了，阮虔芷無憾！

無憾的感覺眞好，但思念之情，仍紛至沓來，有時難免沉浸在無限的哀思裡。而打從媽媽往生之日起，家裡和車上就不時的出現翩然飛舞的蝴蝶，相當奇妙。

阮虔芷說：「傳説蝴蝶是過世親人捎來的思念與問候。我們母女的心，天上人間永相連！」

基因在兒女身上顯露無遺

同時照顧婆婆與媽媽，阮虔芷的孝行，正是一雙兒女的好榜樣。他們有樣學樣，會幫著照顧兩老、陪失智的奶奶丟球遊戲以協助老人家運動，家人之間的感情很好，有著很強的凝聚力。

孩子年幼時，爲了赴大陸拚搏，她和夏延平得扮演「候鳥父母」，輪流在兩岸間奔波。尤其是她，每拍一齣戲，繁瑣的前期與後製工作，都得她上陣，大大壓縮她與孩子的相處時間。兒子就曾在作文中提到對媽媽的認識，竟是從網路，還寫著「爲什麼媽媽都不在身邊」？讓她感到無比心酸。

但儘管如此，兒女乖巧優秀是不爭的事實，也難怪阮虔芷每談及此，總會由衷感謝夏延平：「他真的把孩子照顧得很好，讓我無後顧之憂！」

女兒個性像阮虔芷，一直較讓她放心。

「女兒兩歲時我就加入扶輪，當時常會帶著她出席扶輪活動，但只要我上台演講，她也搶著要上去講，擋都擋不住！她個性獨立，也很乖，出門到哪兒？搭什麼車？都會主動告知！」

女兒十七歲到法國當扶輪的交換生，做媽媽的忙著送禮物給寄宿家庭的Home媽，希望女兒在異鄉能有妥善的照顧。

阮虔芷笑說：「我女兒是『感情騙子』，我要送禮物，Home媽忙著說不用，因為能遇見我女兒，就是最好的禮物！後來去印度也是，要離開時，對方奶奶哭到不行，直說她是他們家的小孩！」

之後，女兒得到社友幫助，到里昂考試，考上英國牛津的大學。一年後再依自己興趣，轉考英國倫敦藝術大學影視系，學習導演課程，計畫日後能協助媽媽在戲劇這條路一展長才。

「大學期間，她一天要寫五百字的故事，一週拍一部微電影，一個月拍一部電影，同學們輪流做製作、導演、演員、梳妝、化妝甚至燈光等工作，務必熟習所有工作內容。

努力求學期間，為了不增加家裡負擔，她和同學合租小小的房子，克難過生活，還偷偷跟爸爸說：『千萬別讓媽媽來看我，我怕她看了會心疼』！」

只是，畢業歸國後，由於兩岸環境不變，導演夢暫時未能實現。一向獨立自主的她，不想當靠爸靠媽族，於是自己找工作，認眞當起了上班族。

兒子幾乎是夏延平翻版，是居家巨蟹男，他和姐姐感情很好，但個性完全不同。

「比如，兒子在朋友家看到剛出生的小柴犬，非常想養，但知道我怕狗，所以連提都沒提就自己打消念頭。姐姐很了解他，鼓勵他試試：『你沒試怎麼知道一定不行？』於是，我們家就多了個毛孩子『多比』。」

兒子十四歲時，因爲熟識的幼稚園園長移民加拿大，於是跟著去當小留學生。他比姐姐還早出國，年幼再加上個性內向，著實讓阮虔芷放心不下。但小小年紀的他，選在非華人聚集區展開留學生涯，穩健地以環境訓練自己的語言與生活能力，以一個月一百加幣（當時約新台幣三千元）的生活費，撙節開支過日子。

兒子立志要開飛機，阮虔芷心想這工作太合適他的個性了，因此大力支持。只是，加拿大不讓境外人士開飛機，因此兒子十八歲高中畢業後，轉到美國加州讀大學，開始學習飛機有關的知識與實務。

「兒子上大學後，我就讓夏延平多跟他溝通，一來夏延平對飛行相關的事較為了解，二來我知道自己很會寵人，不希望兒子變成媽寶！」

其實，阮虔芷多慮了，兒子雖然內向，但頗有自己的想法。他原本計畫畢業後，回台考航空公司駕駛員，怎奈計畫趕不上變化，一場疫情，航班減少、人事緊縮，只得暫時打住。

「其實，兒子想回台考航空公司駕駛員，是為了陪伴我們倆老。他知道姐姐想出國，但不能放我們倆老守空巢，因此告訴姐姐：在我回國之前，妳要陪爸爸媽媽。」

兒子的計畫雖受阻，然而山不轉路轉，他盱衡時局，決定留在當地機場打工，藉由打工的收入自給自足，轉而準備應考駕駛教官執照。

「聽到他在機場開車、搬貨打工，真的不捨！還好老天爺疼惜這個懂事的孩子，他順利考取了駕駛教官的執照，這不只可以讓他賺取生活費，還能累積飛行時數，當真是『失之東隅、收之桑榆』，實在太開心了。」

有機會對疼惜自己的長輩盡孝，還擁有貼心孝順的兒女，阮虔芷是不折不扣的好女兒、好媳婦、好媽媽。「積善人家有餘慶，行善之人有福田」，知福、惜福的她，感恩老天爺厚待之餘，更積善培福，播撒善的種籽！

百 善 孝 為 先

一直揣在身邊的媽媽

疼愛我的公公和婆婆，與媽媽合影

夏家合影

全家和婆婆合影

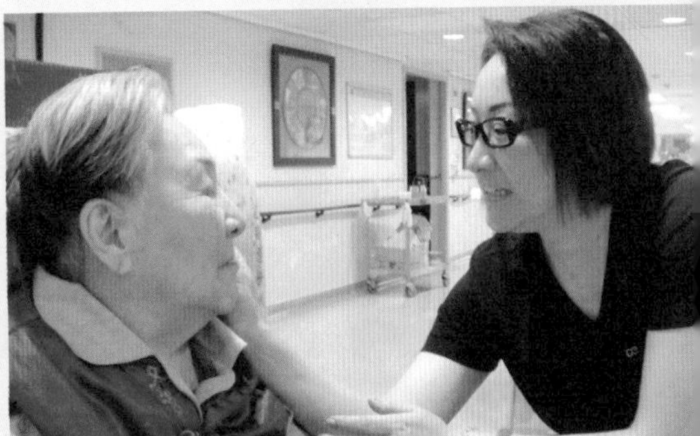

照顧失智的婆婆

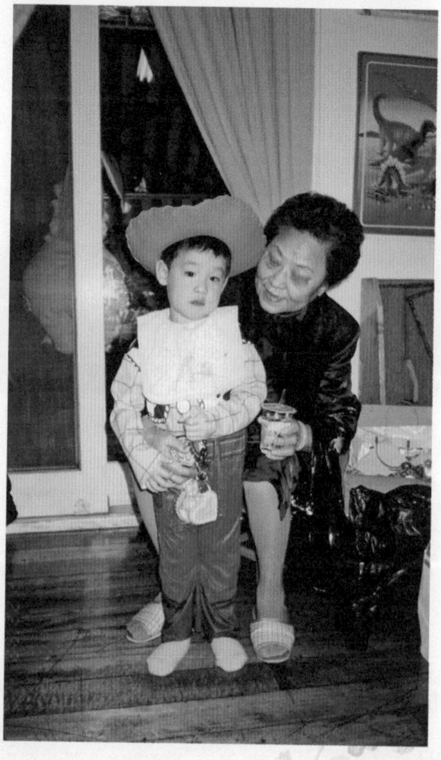

女兒和兒子，都和奶奶及外婆有著深厚的子孫情

Chapter 11

投入公益，萌生社會責任

公益不是施捨，
是生而為人的本能，
是讓人學會「尋求善的能力」。

阮虔芷加入扶輪，是藝人朋友許佩容於一九九五年邀請引進。

「我從小看著媽媽在困窘的環境中，還能竭盡所能，慷慨的對人伸出援手，心中始終感佩。雖然媽媽的善心常被利用，害我收到不少「芭樂票」，但這不影響我以媽媽為標竿。所以，在製作這條路站穩腳步後，我就開始從事社會公益，希望對社會有所回饋。當時許佩容邀我參加華麗扶輪社的活動，初時雖懵懵懂懂，但越了解就越投入。六年後，我便自己出來創設逸仙扶輪社，以服務老人、小孩為主要目標。」

廿幾年的扶輪人生涯，她除了發揮大愛精神，人飢己飢、人溺己溺的積極於社會公益，更在扶輪團隊中，學習領導與被領導。全心投入的她，從創社社長到地區總監，就像一塊海綿，強力吸收著所有的訓練，職務遍及扶輪各個領域，是位傑出的扶輪人。

「如果沒有參加扶輪，我可能會得憂鬱症！因為在事業的低潮期，被騙的鬱悶、龐大債務的壓力，就算我心臟再強大，也常常感到透不過氣來。還好有許多扶輪的公益活動，需要我去執行，在做公益的過程中，享受付出的歡樂，自然轉換心境，讓我忘掉那些不愉快的事。」

所謂「勿以惡小而爲之，勿以善小而不爲」，逸仙扶輪社在立定以老人和小孩爲主要服務對象後，在創社社長阮虔芷的領導下，舉凡關懷偏鄉弱勢和反毒、醫療協助等等，不管項目大小，哪裡有需要，就往哪裡跑。

「像關懷偏鄉弱勢項目，在宜蘭縣原住民部落的大同鄉，我們就為五個小學設立獎學金，十九年來未曾間斷。我也一直戮力反毒宣導，雖說吸毒人口以廿五歲至卅五歲最多，但我希望反毒觀念從小建立，所以二〇二一年我訂了十三場的小學反毒宣導，雖然因為疫情，還有十一場沒執行，但經費已先付清，轉交下一屆總監接手持續完成。

此外，舉凡獎勵公益新聞正面報導的金輪獎，以及洽詢醫療單位協助做婦癌、肝癌篩檢，甚至新冠疫情下的醫療口罩、防護衣捐贈等等，我們都傾力服務。公益服務需要出錢出力，經費來源除了社友捐贈，總社也會撥給相對的資金；至於人力問題，每位社友都滿懷服務的熱誠，參與活動從來不落人後。」

逸仙扶輪社全員一心以眞誠的愛，澆灌社會上每個需要協助的角落，溫暖許多弱勢心靈。

積極離島行，送愛回故鄉

有關偏鄉醫療問題，阮虔芷感受頗深。童年，她在老家澎湖先後看著姐姐與抱養的妹妹，在醫療匱乏下痛苦煎熬，便立志日後爲了父母與子女，要去環境、資源更優渥的台北打拚。而這切膚之痛，讓她在事業有成之後，自當關注起澎湖離島的醫療問題。

「我經常往返澎湖探訪親友，發現澎湖鄉親年齡層偏高，不少人因為重病或肢體殘障，導致行動不便，亟需專門用來載送行動不便病患就醫的復康巴士，因此與社友商議，跨海送愛心到澎湖。我們捐贈兩部復康巴士給澎湖，方便肢體殘障的鄉親往返醫院診療。一部是逸仙扶輪社捐贈，一部是我和兩位姐姐共同出資，以媽媽之名捐贈的『阮陳英號』，服務鄉親，也連結這份鄉情。」

而當她知道 3502 地區總監朱立德同學，幫金門募集了一輛醫療車，當下就想：「我爲何不幫自己家鄉也募一輛醫療車？」

阮虔芷不是個衝動的人，自己雖起心動念，但還是決定先深入了解家鄉的實際需要，而不是自己想送什麼就送什麼？

「我跟澎湖縣長討論後，發現醫療車的維修會有難度，所以我再找澎湖同鄉的扶輪社友研究，最後聚焦在離島醫療器材的升級上，其中較偏遠的七美，需要性更為迫切。我決定先去實地勘查，結果因為氣候關係飛機停飛，延了三次，最後是先飛到澎湖，然後搭船到望安再轉七美，這趟船班，因氣候關係我吐了八次，辛苦極了。我心想，我們想去一趟都這麼難，那當地民眾有醫療需要時怎麼辦？因為，他們連看牙都得搭飛機到高雄，就算搭船去馬公，一天也只有一班，無法當天往返。到了七美的衛生所，發現醫療器材除了缺乏，現有的也都是卅年的老舊器材，當下決定先幫他們做醫療升級。」

阮虔芷找了 3523 地區南港扶輪社、逸仙扶輪社、南雅扶輪社、瑞光扶輪社，3522 地區：仁愛扶輪社、滬尾扶輪社，以及澎湖在地的澎湖扶輪社、馬公扶輪社、天人菊扶輪社等等共同協辦；3470 地區總監同學陳清鏗 IPDG Pipe 也大力贊助共同協辦。

雖然，因爲疫情加劇，延緩了進度，不過，憑著他們的努力不懈，加上扶輪基金會核准了他們申請的「全球獎助金計畫」，澎湖七美的「牙科醫療設備更新計畫」，終得以順利完成。

此外，她所創立的逸仙扶輪社，更支持這位當總監的創社社長，還用社內社區服務的預算，多加了耳鼻喉科、復健科的器材更新等等，這群愛心滿滿的扶輪人，甚至連年久失修的七美衛生所，瑞光扶輪社也備妥材料與人力，幫忙修繕粉刷。

而七美的醫療升級告一段落後，他們沒有從這偏鄉撤退，轉而聚焦一樣亟需幫忙的望安，著手眼科、遠距醫療器材等必要的協助。

一起體驗服務助人的真義

阮虔芷對公益活動樂此不疲，其實也幫助孩子的正向學習。

「我女兒從二歲就常常跟我去募款、去做公益，她非常崇拜媽媽做這些社會服務，潛移默化中，對她影響頗深。英國求學歸來後，她便加入逸仙扶青社，積極社會公益活動。小孩子沒什麼錢，但活動力強，他們會去育幼院陪伴小朋友、教小朋友做小禮物等，也去流浪動物之家幫忙遛狗、洗澡等，做的事更多。」

新冠疫情讓醫護人員疲於奔命，夏筱婷有感於醫護人員的辛勞，總希望能盡自己一份心力。她認眞地找阮虔芷討論，想要送便當給醫護人員，並且每天追著媽媽幫忙找聯絡窗口。

「雖然她只是一個受薪階級的孩子，但我覺得有心做很重要，因此幫她找到長庚醫院急診室的聯絡窗口，後續便由她自己接洽。獨立，是我對孩子的教育方式。因此她自己訂餐、取餐、開車送餐，愉快地完成任務。」

阮虔芷母女能夠積極投身公益，夏延平可說是幕後功臣。他因爲性格不愛接近陌生人，所以無法直接參與活動，但卻默默的在背後實質相挺，以「家庭煮夫」之姿顧好家庭，讓妻女得以放心的奔走各個公益場合，奉獻愛心。

二〇二一年六月三十日，阮虔芷卸下地區總監職務，夏延平對著家裡毛孩子多比戲謔地說：「多比！我們一起歡迎總監回家！」阮虔芷心裡雖嘀咕：「這話聽起來有點酸喔！我當總監也沒有不照顧家裡啊？」但她心裡明白，如果身後沒有夏延平溫厚的雙手做支撐，自己確實沒有能耐全心全意的投入扶輪各項業務裡。

就像當年她赴大陸打拚時，夏延平留台照顧兩老兩小，細心的程度，讓阮虔芷完全無後顧之憂。而這些年她在台灣全心扶輪事務，出錢出力投身公益，夏延平依舊是她最有力的後盾。他，其實就是個隱形的扶輪人。

與 PDG Shoes 伉儷

帶著兒女與前總監 PDG Jerry 虞彪先生一起植樹

(中左，下) 帶著藝人做公益

女兒兩歲就跟著募款

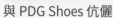

擔任四屆台灣扶輪公益新聞金輪獎主委

參加粉紅絲帶支持癌症基金會

參加國際扶輪 3490 地區消除小兒麻痺 (End Polio) 音樂會

創立逸仙扶輪社，從事以關懷老人及小孩為主的社會服務

2020-21 年度擔任國際扶輪 3523 地區總監，攜手帶領扶輪人致力各項公益服務

Chapter 12

活到老學到老

生有涯，知無涯，
好學不怕根基淺，只要舉步就不晚。

《鎖夢樓》之後，阮虔芷暫停製作工作、專心扶輪社的社務。但是，面對浸淫幾十年的戲劇工作，說放，還眞的無法斷然放下。尤其，簽有經紀約的馬雅舒始終不願棄她而去，爲了馬雅舒的工作，她還是得時不時的往北京跑。

每次到北京，除了馬雅舒的工作接洽與安排，她總會多留些時間，了解一下當前的戲劇製作環境。無法忘情戲劇製作的她，在社務穩定後，就一直籌備新案。但是，那幾年大陸的變化太大，因爲娛樂業的蓬勃發展，每個大咖演員，一談片酬，都是嚇死人的人民幣八千萬、一億、一億二的喊。後來當局雖然出面壓制，但有關片酬問題，也只是換個方式支付罷了。如此龐大的投資，讓她遲遲不敢出手，只能將一個又一個的企畫案、劇本，束之高閣。

忙碌慣了的她，突然空了下來，不免心慌，頻頻自問：「難道我要每天這樣過日子嗎？」她希望自己就算沒有工作，也要有所收穫，絕對不能浪費時間，因爲那是慢性自殺！於是，她靜下心來思索，在「不工作、能照顧好逸仙扶輪社」的現況下，該怎樣讓自己進步？

「我知道花開不是為了花落，而是為了綻放！我想補過去的不足，盡情讓自己綻放！」

當年，因爲急於賺錢，阮虔芷在高中畢業後便投身職場。多年的製作工作讓她涉獵各種題材、在扶輪公益活動中廣泛接觸各界企業傑出人士，見多識廣後，更意識到自己的不足而自反，亟思透過再進修以補缺憾。

尤其，她在製作專業上的優越表現，以及將良善本心透過戲劇投注社會教化、用勵志題材讓觀眾吸收正能量的用心，獲得江蘇經貿學院藝術系頒發終身客座教授聘書，爲殷殷學子講課，更加深她充實自身的動力。

正因爲如此，謙遜好學的她，積極展開進修計畫，延續自己高中之後的求學夢。

二〇一三年，她在北京大學EMBA重拾書本，學習管理課程。整整兩年間，每個月飛一趟北京上課，精神可嘉。「其實，上課除了圓自己的夢，也是對小孩展現以身作則的態度，讓他們知道，我不是只要求他們念書，我自己也努力在學習。」

知識與經驗分享，觀念與行為互動

書，越念會越想念。阮虔芷就是如此！

從二〇一二年開始，短短七年間，她念了五個EMBA，分別是北大EMBA、北大后EMBA、波士頓大學EMBA、東京大學EMBA，以及政大EMBA。

除了以身作則念書，她也讓孩子體會父母栽培子女的辛勞與付出。例如，她在政大ＥＭＢＡ後期，女兒已回國上班，於是她在最後一學期註冊前，詢問女兒可否幫她出學費？女兒二話不說的答應，卻在繳費前搞笑的傳訊息告訴她：「我正在爲我的十萬塊錢辦告別式！」

阮虔芷這般密集的跨國念書，所費不貲，但夏延平絕對支持。甚至，從不出席阮虔芷任何活動的他，早早就列下他要參加的四個畢業典禮：兒子高中（加拿大）、兒子大學（美國）、女兒大學（英國），以及老婆政大ＥＭＢＡ的畢業典禮。

選擇去波士頓大學念ＥＭＢＡ，阮虔芷是想感受孩子在國外念書的氛圍。當然，她的書念得比孩子們輕鬆，因爲孩子們是孤身投入陌生的語言、環境中學習，而她不只初抵波士頓時，女兒專程從英國飛去作陪，課堂上還有同步翻譯，增加學習的容易度，上課環境極佳。難怪，談及對波士頓最深刻的印象，她會輕鬆逗趣說：「波士頓龍蝦眞的很好吃！」

五個ＥＭＢＡ中，政大是她學習最認眞、收穫最多的。

「除了同文同種，在思想語言上少了隔閡，讓學習更能專一之外，在自己的家鄉上學，和同學之間的交流互動也自然增加。課堂上，我拚命吸收老師講授的課業，有不解的疑惑，下課後還能找同學溝通請益，收獲相當豐碩。

高中畢業後，為了減少家庭負擔而失學，一直讓我引為憾事。沒想到，人到中年還有機會彌補遺憾，進入心中嚮往的學術殿堂，這真的要感謝上帝的恩寵。我們常說，公車十分鐘一班，捷運五分鐘一班，而『緣分』可能一輩子就只有這麼一班，政大ＥＭＢＡ一〇五級這班車的緣分雖然晚到，但卻讓我非常的幸福與珍惜！」

政大的課程原本要讀三年，她因為當時還籌畫著要開拍新戲，所以加緊選修，兩年便修完既定的功課。後來，拍戲計畫擱置，書蟲又開始蠢蠢欲動，她真的念書念上了癮。

只是，沒拍戲收入也就減少，雖說學海無涯，但她不想因為自己的貪婪，給家人造成負擔，因此不斷告訴自己：「老了！別再念了！」

不過，她也堅定地認為，人活著就是要不斷的學習，不進學校，依然能以社會為師，活到老學到老！

念ＥＭＢＡ，阮虔芷認為不是只讀課本上的東西，重要的是附加價值。

「像在波士頓時，我們去參訪幾家中國大企業，感受他們在人生地不熟的異鄉打拚、成長的努力，開拓自己的視野，也激勵自己奮鬥的意志。而ＥＭＢＡ的同學，都是來自各界的菁英，彼此切磋，教學相長，收穫遠比書本還豐厚。」

朝穿皮襖午穿紗，礫石遍地風沙狂

說到激勵，在政大感受尤其深刻。

「我竟然在同學的鼓勵下，參加第十四屆玄奘之路商學院戈壁挑戰，一口氣在無垠沙漠中走了廿七公里！」

玄奘之路商學院戈壁挑戰賽，緣起於二〇〇六年結合華人商學院，特別是ＥＭＢＡ等商業菁英推動下，開展一場體驗式的文化賽事。每年五月初，選在甘肅和新疆交界的莫賀延蹟戈壁舉行，該地「上無飛鳥，下無走獸」，史稱「八百里流沙」，是玄奘西行最艱苦的一段，但他歷經追殺、被棄、迷路、徬徨，仍立下誓言：「寧向西方一步死，不回東土一步生。」故而以代表玄奘法師「理想、行動、堅持、超越」的精神，體驗在蒼茫大地間感受「天人合一」的生命境界，以及在內心深處尋找上升的能量。

戈壁挑戰賽的參賽年齡限十八歲至六十五歲，其中團隊競賽隊（Ａ組）與全程穿越隊（Ｂ組）四天賽程中，必須穿越僅有座標、未知路線的賽道，全程平均海拔一千五百公尺，晝夜溫差可能高達四十度，完成一百二十多公里的挑戰。而單日體驗隊（Ｃ組），正是初次接觸這種挑戰的阮虔芷所參加的。

「雖然説我的體能一向不錯，但要我在烈日狂沙中一口氣走廿七公里路，真的想都不敢想。可是同學鼓勵我，説她雖然挑戰過較艱難的Ｂ組路程，但願意陪我走一次對她而言相對輕鬆的Ｃ組，她還以年齡激我，説戈壁挑戰六十五歲就不能去，我快要屆齡了！」

年限之説，激發她的鬥志。爲了體驗玄奘法師當年九死一生，實現人生超越的戈壁之路，阮虔芷拚了。有半年的時間，她跟同學們每週兩次、每次兩小時在學校練習，同時爲了戈壁沙漠的特殊地貌，到海邊沙灘練跑。本以爲有了充足準備，但眞正到了戈壁，才震撼到這是一場眞正的硬仗。

「我喘跑在戈壁堅硬的碎石路面，接受烈日炙烤、狂風肆虐，從白天到黑夜，奮力前行。這是我有生以來最嚴厲的體能試煉，沒看到終點前，我都不確定自己能否走完？我屏除所有雜念，埋頭專心一意的邁動步伐，心裡不斷的告訴自己，一定要完成這項體驗！

最後一哩路最為困難，因為同學一句『阮姐加油！快到了！』讓一直繃緊的神經突然鬆懈，差點就走不動了。同學真的很照顧我，一整天都陪在我身邊，教我如何調整呼吸、適時喝水補充水分，在蒼茫大地間，建立了相當深厚的革命情感。」

這是一場身心的淬鍊，是自我心靈的深層探索，讓原本就充滿正能量的阮虔芷，擁有更積極、健康、持久的動力，去擁抱生命中更高的挑戰。

精彩豐碩的學習之旅，讓她相當珍惜與感恩。因此，她以政大ＥＭＢＡ一〇五級畢聯會會長之姿，在畢業典禮上致詞時，由衷感謝這點點滴滴的人、事、物，添加了許多吉光片羽的回憶，豐富了她的人生。

「我知道，人若生活得精彩與精緻，卓越就離您不遠了！」

正所謂「花若盛開，蝴蝶自來；人若精彩，天自安排。」認眞充實自己的阮虔芷，就像花開蝶來一樣，吸引著所有美好的事物，成就集眞、善、美於一身的台灣眞女人！

活 到 老 學 到 老

美國波士頓大學 EMBA

北京大學 EMBA

政大 EMBA 論文口試通過

參加第 14 屆戈壁挑戰賽

政大
EMBA
玄奘之路

璀璨 政閃亮

政大 EMBA 學習收穫最多

第二部

親情無價

阮虔芷——隨筆

Chapter 13

傷別離

天人永隔，親情難捨，
既相逢，卻匆匆，盼常夢裡化蝶來。

平生最怕說再見，尤其是與親人生離死別的那種。在我四歲時就初嚐撕肝裂肺的滋味，這段悲傷的記憶至今仍無法忘懷。

四歲時，最漂亮的姐姐——虔馨因肝癌病逝，當時她才七歲。

在我腦海中一直有著一個無法抹去的畫面，窮困的家庭沒錢請葬儀社，我親眼看著爸爸，滿心悲愴地爲女兒封釘封棺，此情此景，眞是情何以堪。

六十年後，我寫作此文，依舊是淚流滿面，心酸至極。

這個難忘的生命故事，讓我有機會檢視自己的一生，後來在爸爸的遺物中，知道了她去世的日期是二月十九日。

那時的傷痛很難結疤，一直到今天我還是很怕跟人道別。

一九八〇是一個令人傷心的年分，接到媽媽傳來的噩耗，爸爸心臟衰竭過世。不是說好要等我讓他享福的嗎？怎麼還沒等到我功成名就就先走了呢？

我是姐妹中最後一個被通知，卻是第一個趕回澎湖，心裡急著希望這不是事實，我眞的無法接受這樣的結局。

第二次承受親人的離去，心中有著深深的遺憾，我沒想到親愛的爸爸，會在我們剛剛過完新年，各自從澎湖返回工作崗位時，沒來的及說一聲「再見」就永遠的離開我們了。

大年初八，寒冷的海風呼嘯，倍添人間愁苦，姐妹們又聚集在澎湖家中，卻已不再見全家團圓的場景。

我永遠不會忘記爸爸口袋那僅餘的二百塊錢，望著爸爸安祥的遺容，我在他耳邊輕輕的說，我會照顧好媽媽，請他安心上路，不要再有絲毫塵世的煩惱。

爸爸百日之後，把媽媽揣在口袋裡，要她永遠跟著我，縱使結婚嫁人也要帶著她。我這樣告訴自己，也確實做到了。雖然母親在與我朝夕相處二十四年後，不敵病魔摧殘而離開我們，縱然傷痛難免，至少「無憾」了。

回想起母親大殮時，正好大雨滂沱，好像也爲我們一掬同情之淚。

我們將母親的遺體放在棺廓之中，萬般不捨的輕撫母親的手背，一心想著要把母親一次看個夠，因爲心裡知道：當棺蓋闔上，熟悉了四、五十年的音容，就要永遠離我們而去，再也無法倚在她懷中撒嬌，說幾句孩子氣的話了。

母親以八十三歲高齡辭世，生前爲糖尿病所苦，洗腎多年，二〇〇三年六月十九日因腸子失血性阻塞，膽囊腫大加上結石，不得不動手術切除小腸、大腸，雖然暫時保住性命，但自此陷入昏迷，七月七日中午辭世。冥冥中，是母親將我們及外孫、外孫女、曾外孫女一起召來送行，讓我們可以同時握著她的手，在她嚥下最後一口氣時，告訴她，我們有多愛她。

母親一生，皆爲兒女所活所苦，驟然失恃，心中難免有無限的失落，幸有父親、三姊先行陪伴，母親應該不會孤單。

至今，我仍天天想念媽媽、爸爸、三姊，這份思念，將永無休止！

傷 別 離

堅毅慈愛的母親

不得志仍愛家人的父親

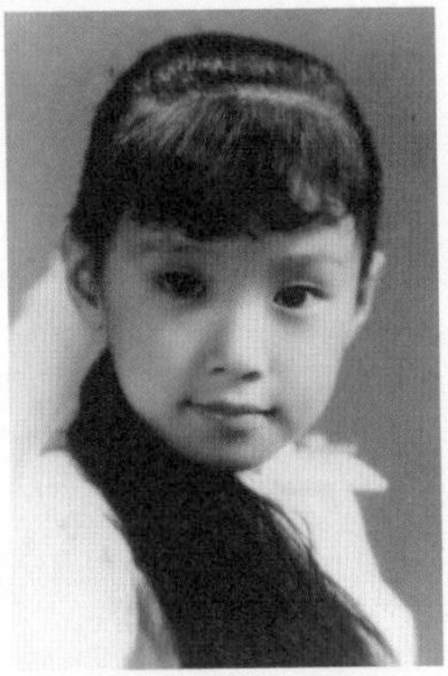

七歲就離世的三姊

我的爸爸（左一）

Chapter 14

娘的後腳跟

母親的言傳身教，對子女的影響至深且遠，媽媽的道德品性，是我們永遠遵循的寶藏。

「看看娘的後腳跟，便知閨女三四分」，母親待人接物的能力、處事態度的風格，是我成長過程中言傳身教的學習榜樣。母親墓誌銘中：「心有多寬，路就有多寬」，這句話影響我至深且遠，有如她的叮嚀讓我謹記在心！她常對我說「妳明著給別人，老天會暗著回給妳」，這些都是我成長至今的行爲準則。

母親二十歲時嫁給父親，在那個動亂的年代，父親任職於澎湖縣政府，小小公務員收入菲薄，家中又子女眾多、食指浩繁，生活每每陷入窘境。幼時印象中，母親不是於晨曦初露之際，在自宅搭建的雞寮裡飼雞撿蛋，就是在夕陽薄暮時候，拖著疲累身影自軍中合作社販賣部返家，年輕的歲月，母親幾乎全都在庸庸碌碌中流逝。她整日馬不停蹄的爲著貼補家用，爲著兒女的成長、教育，疲於奔命般的度過。儘管生活是如此艱辛、但在記憶中，我們未曾聽見母親說過一聲累，喊過一聲苦，她無怨無悔、全心全意的將我們拉拔長大。更難得的是，母親雖未能受過正規教育，卻懂得不與人爲忤，樂觀向善的道理，相夫教子、勤儉持家，勇於任事、樂於助人。縱然身處貧困之中，也能將心比心，愛人如己，她的熱情誠懇，深獲鄰里親友欽敬讚揚。

母親的一生，皆爲兒女所活，凡事都會設想週到，滿含對我們無限的慈愛與包容。我二十三歲時父親過世，在父親百日後，便把住在澎湖老家的母親接來台北。婚前我跟夏先生約定，未來母親一定要跟我同住，否則我不會答應結婚，夏先生笑說他早知道這是必須概括承受的條件。就這樣母親一直跟我住在一起，直到她八十二歲、我四十六歲時離世，我非常軫念她離開澎湖後，在台北跟我共處的這四分之一世紀。

母親是在三十六歲生下老么的我，而我卻在三十六歲才生老大，我們祖孫三代都屬雞。早先她一直催促我快點結婚生子，擔心抱不到外孫、外孫女，沒想到最後卻跟我的孩子相處時間最久。我的兩個孩子可說好命，幼年時跟奶奶、外婆同住了好長一段日子，同時享受著兩位慈祥老人的疼愛。

母親是一位堅強有韌性的時代女性，她身富同情心，苦人所苦，經常接濟比她辛苦的人，我的不忍見別人受苦，應該得自於她的眞傳，有些我們明知是無謂的付出，但也不太阻止她，因爲那是母親長期的習慣，我想只要她覺得快樂就好。

好友美璁的文章中，詳細的描述了即便已經有了五個女兒，母親還去領養一個出生三個月母親就去世女嬰的經過，我在這裡就不再贅述。由此可見母親內心柔軟的一面，她毫不畏懼可能加倍的辛苦，也不願看到失怙孩子的無法生存。終其一生母親都給了我最好的示範，如今回想起來，越發感到我的個性與她十分相像，我不遺憾遺傳到這樣的基因，因爲我也體會到這樣的付出是如此的快樂。

雖然母親已經離開十九年了，但我沒有一天不想念她，也許是每天每天的思念、所以她也經常入我夢中，讓我不覺她已離去。我與她的感情非常深厚、兩人的生活裡滿滿都是對方，她耳朵癢或臉上有黑頭粉刺都會叫我幫她處理，我很懷念她躺在我腿上，讓我幫她挖耳朵的景像。這樣親密的互動是母女交心的時刻，她生前的後二十年，因糖尿病導致每天四次腹膜透析洗腎，幾乎都是由我幫她處理，直至最後二年我去中國大陸工作，才請外勞代勞。

在我們的生活中，我沒少說「我愛她」的話語，所以她的離去，全家都十分擔心我會承受不了，而我卻是很「安心」的打理她所有身後事，因爲她生前我們都已告訴彼此自己喜歡怎樣的離開方式，所以我不需要筊杯詢問母親該怎麼做，我相信我爲她做的每一個細節，都會是她喜歡的過程。

「無憾」可說是當時我的感受吧！想想能在母親百年之後，心中沒有任何的遺憾，是我爲人子女的造化，也是母親大愛的恩賜吧！媽媽！我想妳！娘的後腳跟，閨女的三四分，母親給我的影響非常深遠。

娘的後腳跟

日日思念的媽媽

與大姊、外甥女等三代合影

Chapter 15

她善良得讓我心疼

放手去做，勇敢去闖，保持妳內心的善良，快樂的飛，用力的笑，開心妳懂事的模樣。

每當回想起女兒第一次拎著行囊遠赴他鄉，在離開家門的那一刻，她回頭向我們提出請求，「等回家的時候，讓我來解開保全的鎖，因為我想聽到『歡迎回家』這句話」，至今我仍能感受到她當時離家的不捨。自幼乖巧聽話的她順從父母的安排，以超齡的堅毅果敢就這樣跨出人生重要的轉折。

國中時期女兒就已顯露出她獨立的特質，在高中二年級，才十七歲的她，獨自去了法國當扶輪社的青少年交換生。自始，她的眼界有了國際觀，心中也萌生了繼續待在國外的想法。在當交換生終了之前，她獨自到里昂去參加考試，交換生屆滿，十八歲的她選擇去英國牛津念書，爾後再轉到倫敦，繼續念英國倫敦藝術大學。從出國那天起，她一直都是一個人獨自應對所有學校及生活上的大小事務，我沒幫上她任何的忙，而且還是直到她大學的畢業典禮時，我才第一次去到英國。

在她留學期間，爸爸去看過她一次，但不愛離家的爸爸也僅待了短短四天。離去英國返台那天，她送爸爸到機場，或許是離情不捨讓她亂了方寸，指錯了爸爸登機閘門的方向，待爸爸發現回頭時，卻發現一個女孩蹲在地上大哭，再看竟然是自己的女兒，趕緊上前一把抱起。女兒因爲強忍離別心情，以爲爸爸已經離開才放聲大哭，我完全能體會那種心境，因爲骨肉親情連心，每次分別要說再見，對我、和他們都一樣，都是好難。

女兒非常喜歡英國，爲了目標理想，必須忍受思鄉之苦，在英國完成學業。爲了不讓家裡負擔太重，她錙銖必較、簡樸度日，即使放假回來，都會把自己的物品整理租倉庫存放，再把住處轉租出去。當爸爸到英國看她的時候，還特別叮嚀爸爸不要讓媽媽來，她說：「媽媽如果看到我住的地方，一定會不同意。」我那時之所以沒去，是因爲一直忙於大陸的工作，的確抽不出時間。爲了疼惜他們的辛苦，彌補無法照料的遺憾，每次在他們搭長途飛機時、都希望提供他們商務艙，對此女兒始終反對，她說：「用爸爸媽媽的錢搭商務艙，很丟臉耶！」，並問我在二十多歲搭飛機時搭甚麼艙等，我老實說：「經濟艙。」她回答：「那就對囉。」有時候孩子的懂事讓人心疼。

人們都說「女人的容貌，二十五歲以前靠父母，二十五歲以後靠自己。」這句話在我女兒身上，可說完全印證了這個論點。曾經在一次的聚會，我帶著女兒出席，席間我隱隱聽到一句話：「阮虔芷是嫁給誰啊？怎麼生出來的女兒這樣醜。」說這話的人知道我沒有美容過，所以狐疑我到底是嫁給了誰！女兒醜嗎？不漂亮，我承認，但應該還不至於醜吧！母愛的包容讓自己不太能接受別人的評價，不過此話聽起來還是讓人傷心，再低頭看看女兒，好像著實也是不美，難怪王玫導演說女兒「長的很愛國」，這眞是個誠實的朋友，她想不到有更好的形容詞，就連氣質好都說不出口，只好誇說愛國。但儘管如此，女兒在我的心目中，依舊是寶貝中的寶貝。到現在她自己也常常調侃自己小時候的照片「能看嗎？」

但她的自信與善良，隨著年齡的增長更爲明顯，越大變得越美麗，當初說她醜的友人再看見她，都驚訝她容貌的改變，直說小時長得有稜有角，現在怎變得這麼柔和溫婉。我滿意地笑說，「這可是貨眞價實，沒有加工過的自然噢！」

俗話說「相隨心轉」，我相信一個人若是充滿自信、心地善良、心理健康，形之於外的氣質與談吐，是可以改變本身顏值的。經過二十五年知識的薰陶，生活的歷練、成長的沉澱，歲月會賦予另一種容貌，所以現在看起來，女兒眞的跟小時出落的完全不一樣、我常常笑女兒說：「妳二十五歲之後的努力眞的很有成效。」所謂女大十八變，這話眞一點都不假。

女兒兩歲開始就常隨我參加公益活動，耳濡目染下長大後對公益方面也很有心得。她參與多年的志工服務，對兒童公益性服務有特別的著墨與投入，深刻體會一次性的短暫接觸，對孩子們容易產生負面的影響。尤其是沒有經過訓練的志工，更是把握不住跟孩子相處的重點。她很細心地觀察到，孩子們希望能經常性看到大哥哥大姊姊，所以女兒在擔任逸仙扶青社社長時，聚焦在一兩個育幼院，做常態性的訪視；而她拍下孩子的照片做發文或報告時，這些照片她都先經過馬賽克處理才會給其他社員發文，這些細節看得出她的用心與投入。

女兒回國後，我們有了更緊密的相處。我益發感到她是一個非常貼心的孩子。在國外，她每天都會給我一封E-Mail，我每天的生活可說都是從她的信件開始。剛到倫敦，她給我的第一封信說：「看來這不會是很簡單的一年，不過你們不用擔心我，辛苦歸辛苦，我很高興我自己在這個環境學習，很高興認識世界各國，有才華又愛電影的人，我剛剛寫了一封信給以前在牛津的老師，報告近況然後說謝謝。我覺得去年也沒有白學，因爲要是去年的小基礎沒打，現在不可能在這個班上存活。」

信中，她也不忘謝謝我們「謝謝爸爸媽媽，我住的地方很方便，也有二十四小時的保全，冰箱也隨時都是滿的，吃得飽、穿得暖，學校是個很棒的地方，謝謝你們支持我，在台灣守著讓我飛。」她知道在外一切要靠自己，也時時不忘讓我們放心，雖然得節儉度日，還是用愉悅的心每天給我郵件。

我回的第一封信這樣寫著「寶貝：妳是一個很棒的孩子，不論是在哪一個階段，尤其是現在。媽媽以前常常認爲，沒有什麼事情是難得倒我，沒有什麼事情是辦不到的，只要盡心盡力一定能成功。但是媽媽終於知道了，從去年開始，媽媽終於了解，有很多事情，媽媽眞的一點忙都幫不了妳，還好妳很獨立，很能幹，又乖，媽媽眞的很放心。知道嗎？妳有一個很好的習慣，就是每天對家裡做的報告，這不是每一孩子都會做的，這是很安定爸爸媽媽的心，很棒！給你按個讚。關於妳與同學的差距，那是因爲我們環境接觸得少，相信以妳的資質，假以時日必定超越同學，不要擔心起跑點不同，『努力』還是關鍵，懂嗎？我相信在那樣的環境薰陶之下，妳會進步神速，不要擔心，用平常心看待，祝福妳！爸爸媽媽也會照顧好自己，我們會很注意身體的，不要擔心，妳只要把自己照顧好就好了。那一地區不安全，晚上就不要出門。Take Care！媽媽。」

她在英國畢業那年，我和夏先生去參加她的畢業典禮，住進飯店的那一刻，在大堂她對我們說：「我到倫敦的第一天，看著附近這一家飯店，我就告訴自己，有一天爸爸媽媽來，就訂這一家飯店住。」我聽著心裡有些難過，其實孩子下意識是希望有人去探望她的，而我卻一直忙於工作，也是擔心孩子還要分心接待我們。想到從申請學校、入境申請、尋找住宿、甚至於機票，一切的一切，都是一個才十八歲的孩子自己處理，心裡有些自責但也有些驕傲！

我知道她喜歡英國的環境，但因爲父母在台灣，所以覺得必須回來承歡膝下。我也非常清楚她對於戲劇的狂熱與執著，一直想往這方面發展，但我卻沒有幫她任何的忙，因爲我始終覺得她的能力不止如此，她在其他職場會更有發揮的空間。她選擇在英國倫敦藝術大學念書，或許跟我的DNA有關，不過我並不太希望她走演藝之路，除非有一個非常好的機會。

在現階段我知道，她所愛的工作跟她所愛的城市，是很難讓她兩全齊美如願以償的。

女兒的敦厚在在顯示於生活細節當中，撰寫這一篇關於女兒的文稿時，不知為何，寫得心中充滿愛憐。是心疼她從小的獨立，是心疼未曾幫上她絲毫的忙；更是心疼她孑然一人在外拚搏與刻苦自己；恍惚間彷彿見到她一人離鄉背井、獨自啃食的孤獨身影。我又一次不由自主的掉下眼淚。

我勇敢又堅強的女兒，人一生中的苦難與挫折，可以磨練出一個人的意志，媽媽對妳有無比的信心，好好享受妳每一段很酷的冒險吧。在一次次的抉擇中確認妳自己、肯定妳自己，我知道我的女兒能把世界活成自己喜歡的模樣！

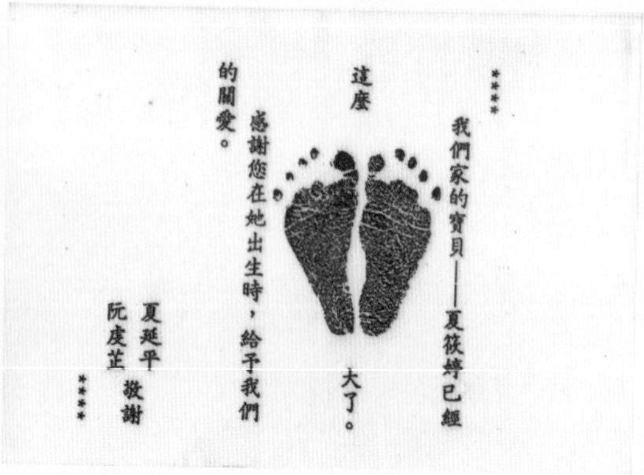

＊＊＊＊
我們家的寶貝——夏筱婷已經
這麼大了。
感謝您在她出生時，給予我們
的關愛。
夏延平
阮度芷 敬謝
＊＊＊＊

小時候，女兒隨時在我身邊跟前跟後

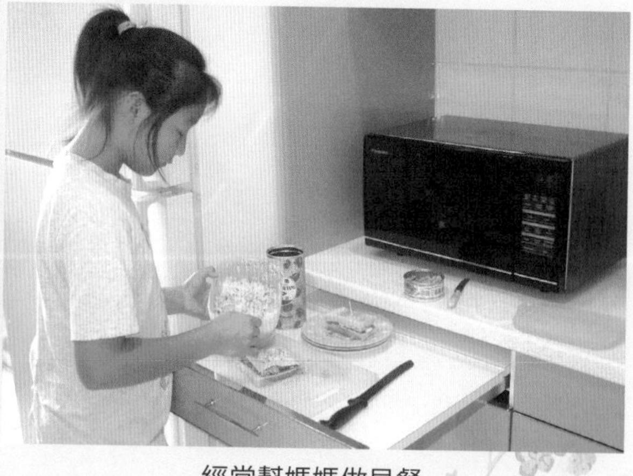

經常幫媽媽做早餐

從小到大一直疼愛她的弟弟

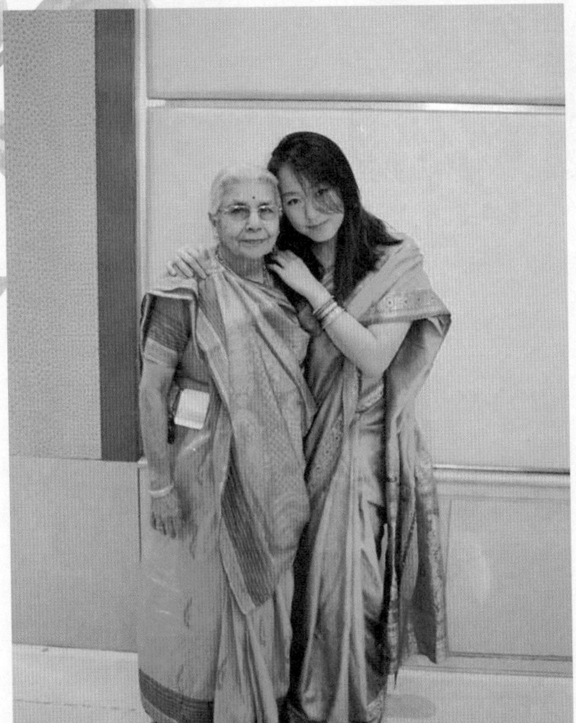

在印度交換時，深得 Home 家阿媽喜愛

認真工作，但也要摸著多比

女大十八變

我的驕傲，獨立堅強又善解人意的女兒

Chapter 16

展翅飛吧！兒子

世界充滿驚奇，天空無限廣闊，
我會一直注視你，翱翔的英姿。

兒子那年十歲，我們還住在塔悠路。

一天我們從饒河街夜市手牽手走路回家，他突然攥了攥我的手心，煞有介事地抬頭問我：「媽媽，我以後能不能跟妳做一樣的職業？」

我說：「爲甚麼？你喜歡媽媽的工作？」

他回：「因爲能照顧家又能賺錢！」

我聽完暗自竊喜，顯然他還算滿意我這個媽媽！

我想我在十歲時，可能還在吃土，壓根兒沒想過我的前途與職業，的確也是，我的工作好像都是順勢而爲。

十八歲拎著皮箱到台北，找到一個會計的工作，就以爲自己是上班族了。從偏鄉來到城市，首先得解決住的問題，而爲了省錢，當了二房東，認識了在廣告公司工作的房客，因緣際會拍了第一支廣告「佩登絲褲襪」，進而被導演發現，開始拍戲。

這就像在十字路口，紅燈停步、綠燈前行，長路漫漫、月濺星河，所謂命運造化，自有冥冥天定，房客若不是她，我一輩子可能就是小會計，不會是現在的我。

兒子生來心地善良、思想單純、秉性天眞，十三歲國中一年級時，又有一天跟我說「媽媽，我以後想當玩具設計師。」

天哪！「那國中畢業要念甚麼才能當玩具設計師呢？」一個沒有腦袋的媽媽心裡的ＯＳ。

第二天，女兒跟我說：「媽媽，其實弟弟不是要當玩具設計師，他是想當飛行員」。

啊！我有些納悶地問兒子是嗎？他點點頭。

我說：「那爲甚麼不直接告訴媽媽？媽媽昨天還想破頭，要讓你去上甚麼課。」

他說：「因爲，我覺得我做不到。」

我很正色地跟他說：「你跟媽媽的年代不同了，我們那時候只要努力就能成功。現在的孩子是需要父母的幫忙。」

自此，我開始想著要如何讓他實現夢想，他非常的內向，又不擅交際，我覺得不能等他以後考上機師，再學開飛機，我應該要幫他規劃好步驟。

老實巴交的孩子，學習成績並不頂尖，就這樣我想著，先要送他去一個講英語的地方，要讓他完全習慣這樣的語言，甚至把英語當爲母語才行。

這時，正好他幼稚園的蘇園長在辦移民溫哥華，三個優秀的孩子都要去，問我有沒有興趣一起？憑良心說，我一直覺得我應該會老死在台灣，因為我喜歡台灣，移民我還真沒想過，但這是一個好機會，可以幫孩子辦去溫哥華就學，有園長與他的三個孩子，兒子就有伴了，萬一我工作不能去，也可以很放心。

就這樣，兒子國中畢業就申請到加拿大一個叫「皇家」甚麼的高中，聽起來挺厲害的，後來才知道溫哥華很多學校前面都加「皇家」兩字，冠上皇家頭銜並沒有什麼特別意義。入學之前一定要先上英文課程，以免成績跟不上，這點我非常贊同。

不同於女兒在英國求學時我都沒去過，全是由她自己一手包辦。兒子去溫哥華是我陪他去的，想想小小年紀十四歲一個人就要離家，心中總是不捨心疼。起先安排兒子住在園長家，那是在機場附近的列治文（Richmond），學校僅一牆之隔，超級方便，缺點是列治文說台語也通，這就讓我傻眼了，我擔心兒子到了英語系國家，最後反而只學會了原本聽不懂的台語，白去溫哥華了。

我立刻改變方向，想辦法往台灣人少的地方去，寧可當地完全沒有台灣人或中國人，孟母三遷，最後搬到了高貴林（Coquitlam）住進了二姐親家的家。謝媽媽喜歡兒子的個性，把兒子當做自己孩子一樣照顧，上下學接送不說，在溫哥華那麼東邊的地方，每天還能讓兒子吃到中國菜，是很幸福的。就這樣，三年他都沒有搬過家，我是何其有幸，孩子能有如此周全的照顧。當時好友林梅芬與王凡伉儷還住在溫哥華的滿地寶（Port Moody），距離兒子住處僅十五分鐘車程，他們待我的兩個孩子也視如己出，讓我更是放心，每次去看兒子時還能住她們家，這一切彷彿都是老天對我特別的眷顧。

兒子高中畢業後要念航空大學時，有點小狀況。加拿大不讓境外學生學開飛機，但能學修飛機，雖然都跟飛機有關，但開與修可是天壤之別，跟兒子志向有很大差距。左思右想，山不轉路轉，我決定讓他改到美國加州上飛行學校，我不太願意逼迫孩子念書，認爲有專才就好，也不必凡事爭第一，那樣太累了，人生並不長，快樂最重要。很多人給我很棒的意見，介紹很多很好的學校，但我覺得順其自然吧！大姐的三女兒在加州，萬一有事也有個倚靠，我都是以這樣的想法做決定。

如今兒子學成，也拿到幾張飛行執照，執照交到我手上時，剎那間感慨萬千。由一個小小孩背著行囊遠赴異鄉，變成高大男孩學成回家。其間經歷的波折，倍嚐的磨練，有多麼的不容易。因爲新冠肺炎疫情嚴峻，出國旅客驟減，台灣航空公司營運受影響，幾乎沒有招收飛行機師。孩子自有應變的做法：先在美國考上飛行教官執照，他計畫先當教官，同時還能累積飛行時數，等疫情紓緩，航空業復甦時再做打算，並說：「目前養活自己沒問題，媽媽不用擔心。」

兒子是個正直誠實，絕無謊言的好孩子，已經是個可以保護媽媽的大人，在家甚麼事都做，開口喊他幫忙，絕對是馬上起身應答。他個性內向，不喜歡我常曝光他，曾跟我商量，能不能不要在網路上寫他任何事，退而求其次地說：「如果媽媽一定要寫，就不要標註我。」呵呵呵，我記住了。

從咿呀學語、蹣跚學步，到異國學習、成長茁壯，我知道他的前途自己已經掌握好方向，我著實無需擔憂，這眞是爲人母最心安的事。一雙兒女感情極佳，兒子知道姊姊希望待在英國工作，但是他與姊姊相約，在他還未學成之前，請姊姊留在爸媽身邊照顧我們，等他畢業一定回到台灣，他說他是兒子，照顧父母是他的職責，屆時姊姊就可以追尋自己的理想了。

其實兒子不太希望我去看他，他說：「如果媽媽是長住不離開，就很棒。」，我知道那是他難忍分別時的苦。他曾說，他寧願被我們送走，也不願意送我離去，因爲他被送出關，自己還有一段旅程要忙，可以緩解離別情緒。有一次在加拿大我要離開，他因爲要上課不能送機，我說：「這樣很好，你專心上課，就沒有離別」，結果在我臨上飛機，他發來簡訊說「媽媽我愛妳」，瞬間我哭到快昏倒，原來人在上課的他，心裡依舊掛念著離別的不捨。他跟我一樣不喜歡離別，所以每次除了痛苦自己的離情，也心疼孩子送別的難受。

二〇二〇年我到聖地牙哥受訓，回程時陪他過年，返台那一天，他送我到安大略機場，我早早要進關，兒子問我「這麼早進去會不會很無聊？」我說：「貴賓室可以休息，我早點進去，你可以早點回家休息。」他點點頭，我要他先走，他堅持看我上樓，手扶梯緩緩往上升，兒子在下面抬眼目送，因爲上樓就是檢查隨身行李，就直接進關了，他沒法上來，我回頭擺擺手心中莫名有痛，其實知道他已經習慣美國的生活，也知道他已經可以獨立應對，更知道他可以堅毅果敢地迎接任何挑戰，但爲人母的就是捨不得。在二樓臨進海關閘門，我一回首竟然能在人來人往的一樓大廳，一眼看到兒子一人離去的背影，想起他剛剛在機場想喝一杯咖啡，一看價錢後說：「好貴，回家再喝。」一杯新台幣一百八十元的咖啡都捨不得買，他總說那是爸爸媽媽辛苦賺的錢。這樣的孩子，夫復何求，更何況我並沒有限制他的零用錢，而他卻是如此克制，想到這裡就心疼的想哭。

雖然事隔多年，此刻他也在台灣自己的房間裡，但提起這樣的離別往事，還是讓我糾心。人生終究是要回到現實，不久的一天，他將又要遠離。我不想把孩子拴在身邊，一片葉，落在哪裡都是歸宿，他們都年輕，只要是一朵花，開在哪裡都芳香。他們能多瞭解世界，就會更具智慧，能更認識人生，就會有更多有意義的生活方式，我告訴兒子，現在的他很讓我們欣慰，他很優秀、也很聽話，他要去創造他人生道路上耀眼的光采，只要對他的事業有幫助，他決定在哪裡都可以，爸爸媽媽會照顧好自己，但懂事的他始終不放心。

轉眼他已二十五歲，在媽媽的視角裡，他永遠是一個努力乖巧又與世無爭，一個極其低調又溫文可親的大男孩。

兒子！飛吧！不管你飛得多高、飛得多遠，媽媽跟你沒有距離，我的愛永遠相隨！

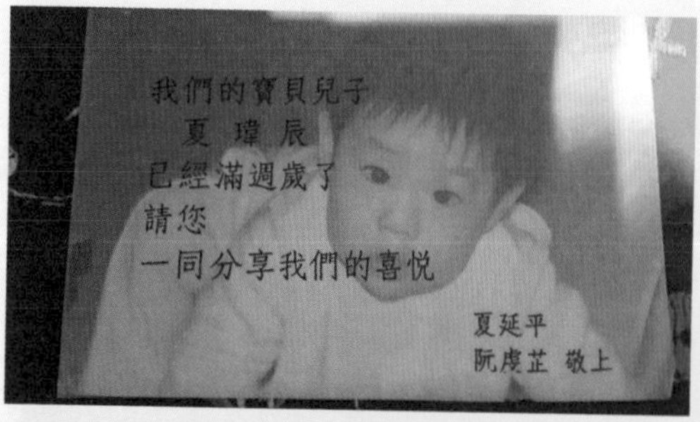
我們的寶貝兒子
夏璋辰
已經滿週歲了
請您
一同分享我們的喜悅
夏延平
阮虔芷 敬上

2001GRANDEE CUP

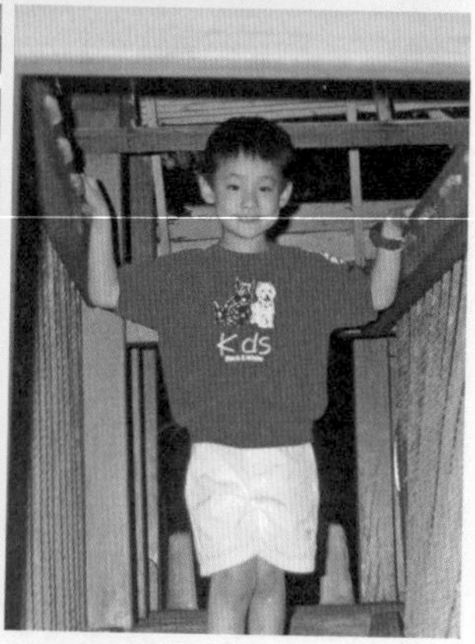

展翅飛吧！兒子

內向體貼的兒子，已經到美國展開他的人生
兒子！飛吧！
不管你飛得多高、飛得多遠，媽媽的愛永遠相隨

Chapter 17

多比的眼神

世界上最真摯的情感，
是你對我們無怨無悔的忠誠與堅貞。

在與多比的眼神交流中，我不曾看到過「諂媚」、「冷漠」與「無情」，看到的都是「服從」、「興奮」與「熱情」。眼睛是靈魂之窗，我們可以就眼神的接觸，來解讀對方當時的思維，我不確定這句成語是否能爲所有的動物適用，但我確定人狗之間是可以藉由彼此的眼神，充分瞭解對方內心的想法。多比是隻英俊的柴犬，牠的眼神總是深情又溫暖，牠是我的第三個孩子。

每天起床走出臥室的剎那，準能看見門外牠那雙熱切眼神，充滿了期待和歡愉，讓人眞的相當療癒，我們家的生活每天都圍繞著牠，尤其是兒女都在家時，牠更是備受寵愛。

要談多比前，先說說我一雙兒女的個性。我從小就怕狗，沒由來的天生有著距離，一輩子也沒想到我有一天會養狗，竟然還會有抱著狗狗的那一天。兒女小時候都喜歡狗，但因爲我怕毛小孩，所以二人也只能買些狗玩具、放在家中解饞。

好友美璱家的母柴犬 Miumiu 懷孕了，女兒蠢蠢欲動想領養，但顧忌我的畏懼，因此一直沒有跟我提及。等到 Miumiu 生下三胞胎沒幾天，我帶著姐弟倆去美璱家，發現這隻狗媽媽非常爭氣的一口氣就生了「一套」，剛好柴犬的三個顏色都具備，黑（公．Happy）、白（母．Money）、黃（公．多比）各一隻。孩子們被小狗仔滿地翻滾學步的萌樣吸引，私下認眞地討論起養狗的可能性，弟弟跟姐姐說：「不可能，不要問了，媽媽那麼怕狗。」姊姊卻對弟弟說：「不試試怎麼知道！」由此可見姊弟倆性格迥異。當然在她們各種方式要求下，最後他們贏了，因爲母親永遠都是最容易妥協的那一位。

女兒自己跟美璱開口，問能不能送她們一隻小狗，非常疼愛我家兒女的美璱自然是立表同意，美璱讓孩子自己挑選顏色，兒子喜歡黑色，他說牠的腿有一雙美麗的靴子；女兒天性浪漫，想要白的，而且那隻白色眞的很美。但後來我們決定選擇黃色的，是因爲雖是老么的多比，卻長的最高也最壯，我一則覺得比較適合初次養狗的我們，一則多比的顏色跟媽媽 Miumiu 一樣，我們抱走多比，美璱家仍然留有一套三色的柴犬。現在想想眞是萬幸，因爲黑色的哥哥 Happy 長大後，經常會跳圍牆翹家，姊姊 Money 則會自己開籠子的栓鎖，當初要是選了牠們，那我可眞的招架不住。

多比三個月大時來到我們宜蘭的家，完全沒有飼養狗的經驗，牠們的靈性眞的不接觸不了解。記得當時美璱與咸台永放下牠要離開時，都不敢出聲，因爲意識到分離的多比，還會發出哭聲，美璱夫妻雖說是不忍分離，但現狀是不得不把牠們分開，因爲小小狗兒很強悍，尤其是兩隻公狗，兄弟常會打架。多比準備到我們家的前幾天就闖了個禍，哥哥 Happy 不知怎麼惹了牠，小個子的 Happy 被弟弟多比咬傷了脖子，我與夏先生爲此還跑去美璱家道歉，說自家小孩傷了人（狗）是要負責任的，還把 Happy 從宜蘭千里迢迢帶回台北看醫生，住了幾天獸醫院。

「多比」名字是女兒取的，到家後第一次兒女幫牠洗澡，由於浴缸很滑，多比害怕地左右跑來跑去。在浴缸中滑來滑去，讓他們發現不是想像中的容易，最後只得跟我求救，怕狗的媽媽在爲母則強的心情下抱起害怕中的狗，兒女二人瞪大了眼睛，詫異地問「媽媽不是怕狗嗎？」，其實媽媽害怕的程度不比掙扎中的多比少！這就是我第一次跟多比的接觸。

多比開始一直住在宜蘭的家，我與二姐住前後棟，院子相連，非常寬敞，六百坪的土地夠牠馳騁奔跑。平常姊夫幫我們照顧，這時兒女都已經去國外念書了，我每週五去陪多比，直到多比四歲時，有一次兒子自美返家，熱切跟我商討，他覺得多比應該是我們的責任，我們該好好的陪牠，不該全交給姨丈，這樣對姨丈不公平，同時也失去養多比的意義了。他希望我能同意把多比帶來台北，爸爸會照顧而且每天還能遛狗，也間接強迫爸爸運動，所有的理由原來是他們都先講好了，就等我點頭了。結果當然是媽媽經不起孩子的懇求只有同意了。

多比回到台北家的第一天，我聽到兒子跟牠說：「多比，住在台北你要聽話，媽媽怕狗狗，如果你不聽話媽媽會再把你送回宜蘭。」，我始終認爲牠聽懂了，因爲回到台北這麼多年，除了聽到外面放鞭炮，牠叫過一兩次外，其他在家的時候，牠連狗最基本的「汪！汪！」都沒發出過，在家始終安安靜靜，就連我在家錄音，牠在一旁都不礙事。而且牠知道我怕狗，就連我徒手餵牠吃零食，牠在銜食物時都小心翼翼的，讓嘴不碰到我的手，讓我不擔心牠會不小心咬到。這與生俱來的家教，眞是好極了。他的乖馴多的不勝枚舉。

多比回台北不久，懂得感恩的兒子要離家返美時，留了一張字條給我，他說：「媽媽，謝謝妳讓我無後顧之憂的在美國念書，也謝謝妳讓多比回到台北跟你們同住」。

這次兒子回台灣，還成功的幫多比申請到在家可以到處趴趴走的權利，而不再只限於露台和書房。多比自己也很爭氣的不會亂動家裡的任何東西，包括牠觸手可及放在沙發上的四十六隻大大小小的熊，說不碰就是不碰。每天聽到開門聲，牠高興地衝過來迎接我們回家，照過面之後就一定回頭去咬牠的玩具，再轉頭來歡迎我們，充分表現出牠的禮貌，並顯露出牠的開心，就好像你是牠全世界最喜歡的人一樣。平常照顧多比最多的是夏先生，但兒子回家期間，就都是他打理多比，包括每天的陪伴與兩次的遛狗，多比也會像看家狗般的，大部份時間都守在兒子門口。

經過這幾年共同生活的日子，我已懂得如何與多比相處，也總是很輕易地就被多比的眞誠給收服。日子久了，多比聽得懂我們所說的每一句話，深切堅定的眼神，讓我知道牠對我們情感有多麼的深厚，這兩年我習慣在夜深人靜時寫下心中真切的情感與思緒，漫漫長夜但我並不孤獨，因爲如心靈相通般，牠知道我仍在工作，總是蹺臥在書房守候，如同衛士般護衛著牠的女主人，每每離開椅子之際，就會看到牠立刻機警的起身，好像是問「有事嗎？」的望著我，讓我覺得無比的安全。

幾次我問孩子，爲甚麼要養多比，牠壽命比我們短，終究是會比我們早走，長期情感的相處，牠走後我們肯定會非常不捨難受！女兒以「但牠也給了我們很多的快樂ㄚ！」回應。在多比身上，我體會到世界上最眞摯的情感，是狗對人的眞誠！牠那雙深邃的眼中流露出好愛妳們的信息！現在的我除了不怕多比，對其他的狗雖然仍會害怕，但多年養狗的經驗，讓我懂得了狗的忠誠與堅貞，牠們對主人的愛一生無怨無悔，默默的、滿滿的付出，只記得主人對牠的好，下一秒就忘記曾對牠的壞，牠們是人類最忠實的朋友！

多 比 的 眼 神

多比出生時的萌模樣

愛咬東西歡迎家人回家

10 歲英挺模樣

多比的眼神

第三部

勵志人生

阮虔芷——隨筆

Chapter 18

光影扶疏

有時山花盛開，有時風雨雷電，
有決心才能堅持理想，有毅力方可克服磨難。

人的一生都曾經有過璀燦和孤寂，常有朋友說：「妳應該把妳的過往寫成一本書。」雖然這樣的建議讓我心動，但我覺得自己筆拙，粗糙的文字習作，恐無法表達自己對人生的體會，也總認爲從前就似如鹽在水，味道在，但沒有痕跡。擔心自己寫不出美麗的詞句來記錄下獨特的際遇，也不可能用天風海雨的文章，來抒發出心情的迴蕩，更害怕思緒的深度不在自己的期望上。

隨著年紀的增長，失憶與回憶更多的時間出現在腦海，情感常彷彿又回到從前，多年的沉澱讓我感受釋放後的安寧，長期的學習也消磨幾許的孤獨與無奈。也因影視產業發展出驚天動地的變化，讓我必需駐足思考未來，希望能有一雙可以看到苦樂的慧眼，讓自己能安然的活在當下。時間把河流乾涸、化爲灘塗，黃昏山頭、夕陽仍有餘暉，我不由自主的生出感動，瞭解若想讓自己變好變美有自尊，那就得檢視曾經的飛梭時光與過往的滄海桑田。於是啟動了記憶的匣子，開始跟自己對話，尋找自己走過的痕跡。

有二張照片是我人生的轉捩點，當時我在同時間拍了「佩登絲褲襪」與「娜密濃美容磨砂膏」的廣告。那時的廣告大多在電視台買秒數插播排放，絕少在電影院裡播出，恰巧這兩支廣告片又全在電影院放映正片前先播放，由於前後兩個不同的產品是同一位模特兒，而這位模特兒是螢光幕前從未見過的人，觀眾的好奇加上清新自然的模樣，在當時曾引起小小的轟動，也因此我的廣告片約不斷。至於爲何會走上廣告模特兒這一條路，第一部的文章裡有較完整敘述，就不再贅述。

那時候的我，在台北大緯貿易公司擔任小小會計，拍一天廣告就能賺取相當於三個月的薪資，優渥的待遇讓我可以改善生活，所以工作之餘，我開始當起業餘的模特兒，陸陸續續拍了不少廣告。那個時代的女士不穿絲襪會被認爲沒有教養缺乏禮貌，所以褲襪的銷售特別好。我的代言相對地就被視爲成功，認識的朋友和公司的同事也紛紛找我代購，記得當時一打十二雙褲襪，我可能只有十元的利潤差價，但碰到朋友說要買來自己穿用時，我連十元都不忍賺她。那時候二十四歲的我，沒有任何知名度，做甚麼事都沒有負擔，只知道要認眞做事就能賺錢，所以賣起絲襪來也很開心。我還設計幫大家做不同的服務，可以選擇各種顏色混搭組合買，不須爲過多單一品項煩惱，如今回想起來不禁莞薾，也足見我自小就有商業頭腦。

廣告接多了，總有被製作人與導演發現的一天。那時候我們這些新人，每個人各具特色，感覺都不一樣，而且辨識度很高，在電視劇導演開始接觸我時，我已二十五歲，可說是大齡入行，較晚進入演藝圈，但此後我的戲劇演出工作沒有停頓過，直至三十四歲決定退出螢光幕爲止，可說是一路順遂。然而長期的軋戲、熬夜、沒日沒夜違反生理時鐘的生活，心理的疲憊，讓我懷念起當小會計的單純與愉快，想回到職場再做個朝九晚五的上班族，只是命中註定我影視生涯無法分隔？

在演藝工作過程中，我可說是人生勝利組，第一部戲《又見阿郎》就被提名金鐘獎最佳新人；在起心動念想退出螢光幕，還未找到會計工作之前，卻因緣際會製作了一部社教節目，以推廣「不行賄、不索賄」的政令宣導劇《法冷情深》，雖然播出時段是在一個極冷門的週六下午，但結果收視率竟然從前一檔的個位數，一下提升到二三．九％，收視攀登全國第一名；日後，第一次製作閩南語戲劇《良人》，意料之外的可以與八點檔一起競爭，獲得金鐘獎七項提名；第一次製作的八點黃金檔連續劇《斷掌順娘》，首集播出收視率，由上一檔二．一％一下躍升八．九％。離開台灣前製作的戲劇《貞女、烈女、豪放女》被中國電視公司提名十四項、入圍六項、得獎三項，記得當年中國電視公司共得獎六項，我們一部戲劇節目就得到全公司一半的金鐘獎項。爲求發展而遠赴大陸征戰，分別以《無鹽女》、《李後主與趙匡胤》、《換子成龍》、《順娘》、《寧爲女人》、《誰知女人心》、《難爲女兒紅》、《愛情有點藍》、《鎖夢樓》打開了陌生的枷鎖，締造了三十三個省台收視第一的黃金歲月。

一路的辛苦與努力點滴在心，成功的背後身上滿是傷痕，我做每件事都希望能做到自己能力範圍的極致，否則我不會罷休。不經一番寒徹骨，怎得梅花撲鼻香。想想一個從澎湖隻身來到台北的鄉下姑娘，如果沒有堅忍的毅力，要如何立足在一個人生地不熟又競爭最激烈的台北。多年的生聚教訓，多次的消磨奮起，我知道，我戰勝了自己。

每一個階段皆有著不同的人生，每一場拚搏會留下走過的腳印，六十年的領悟讓我知道，有時山花盛開，但那不是我的花，我只是恰好經過它的綻放；有時風雨雷電，但澆不熄向上的火，我只是暫時身處自然的變化。十八歲時的我是一個小小會計，二十多歲努力成爲一個演員，三十多歲再成爲一個製作人也當了媽媽，四十歲開始立志成爲一個爲社區服務的扶輪人：每一次機會我都善加把握、每一段經歷我都銘心刻劃，是決心讓我堅持、是毅力讓我克服，是不斷的努力讓我提升，一切我都儘可能做到了，所以此刻，我是否應該感謝曾經努力過的自己。

佩登絲褲襪

娜密濃美容磨砂膏

《新白娘子傳奇》客串演出「觀世音」

《六個夢之啞妻》

製作《鎖夢樓》

《綺夫人的故事》與馬景濤和許啟平

《六個夢之啞妻》

《兩個女人》

Chapter 19

愛在澎湖灣

行路有光，志業有愛，照亮生命的點點滴滴，回報更多的歡歡喜喜。

晚風輕拂澎湖灣，白浪逐沙灘，沒有椰林綴斜陽，只是一片海藍藍。
澎湖灣啊！澎湖灣！外婆的澎湖灣，有我許多的童年幻想，
陽光、沙灘、海浪、仙人掌，還有一位老船長……

每當耳邊傳來潘安邦唱的這首《外婆的澎湖灣》歌曲，思緒就禁不住化爲一支長篙，隨著心的河流，漂向遠方的故鄉。彷彿低下頭就可以傾聽到木屐板走在長堤上發出的喀啦聲，閉上眼，就能回味出古早金柑糖含在嘴裡的甜蜜；鄰里間，阡陌相通，雞犬相聞，不時傳來陣陣對孩童的叫罵。是的！我從小生長在澎湖，澎湖留存下我的童年、見證過我的快樂，刻劃著我的成長。澎湖是一個非常美麗純樸的地方，我很開心自己能幸運出生在這裡。

澎湖恬靜安謐，有著令人驚艷的自然環境，但也存在著許多不方便。首先，交通的不便，是在我離家後每次返家時深刻的感受，年節到來，回澎湖與父母團聚，買機票就是件

難事，往返台灣都相當痛苦。其次，醫療的不便，有病痛時只能簡單應付，醫療品質相當落後，醫院的專科醫師不足，這些切身的經歷是日後促使我離開澎湖的原因之一，我眞心希望下一代不要再承受資源貧瘠匱乏的痛苦。

儘管，故鄉存有許多的不便，縱使，我身已離開澎湖，但好像永遠無法割捨心中那份羈絆，總是時時惦記著那塊生養我的土地，屬於我生命的一部份。一九七六年，高中畢業後，我選擇到競爭激烈的台北打天下，初期返家的次數不少，後因父親過世，我接母親長住台北，再回澎湖的機會日漸減少。之後，無論因公因私回到澎湖，我總會徘徊在以前的老家外，漫溯到經常往返的步道上，想念與家人相處的時光，重溫與同學嬉鬧的場所，感受那段曾經無憂無慮的生活。

一直以來，我都告訴自己，人要往壓力最大的地方走，才能將個人的無限可能激發出來。我也深知自己的抗壓性夠強，不畏風霜雨雪，任何艱難，成長的過程讓我瞭解抗壓性並不是與生俱來的，像我們這些從小生長在離島，大了爲生活必須到外地單打獨鬥、奮力拚博的澎湖子弟，抗壓已成爲生存必備的條件。在陌生的戰場上，我們沒有家人在身旁作後盾，孤獨的面對所有的挑戰，一切從零開始，我切身感受到我們缺少許多競爭的能量。儘管與生俱來如此不足，但上帝也爲我們開了另一扇窗，我們有著別人所沒有的「純樸」與「眞誠」，這是每一位澎湖人的特質。因爲環境的單純造就出純樸的我們，彼此的無私孕育了我們的眞誠，因爲純樸、因爲眞誠，所以我對每一個人每一件事都很用心且眞心對待。不過眞心對待朋友，不代表會有相同的回報，很遺憾幾次的受傷，都是被我視爲最好的朋友所傷，「眞心換絕情」絕不僅有外在的傷害、內心的痛苦才難以承受。我的個性不會反目，就此遠離是我能做的最好方法，這樣的個性，至今始終維持不變，也許就是從小受生長環境的薰陶使然，因爲那是一個沒有爭鬥的世界。

深愛著家鄉，即便沒有家人居住澎湖了，但那裡還有我小時的玩伴和親愛的同學，每次返鄉走在熟悉的巷道上，我體會到從家鄉跨出去的腳步大小並不重要，重要的是方向，只要方向訂定，努力就一定有成果；我知道生命不像彩排，不能NG再次重來，所以跨出的每一步都必須愼重踏實。

四十多年的台北生活，我兢兢業業，遠行的遊子總感念家鄉的賜予，因此稍有機會就希望能回饋故鄉。二〇一〇年，我負責國際扶輪全台灣復康巴士的募集，並在募集完整後送往有需求的鄉鎮，我創立的逸仙扶輪社，看到獨缺創社社長的家鄉澎湖，馬上通過理監事會議，確認捐贈到澎湖事宜。當抵達澎湖捐贈時，發現一輛車對偏鄉的不足，我立即與一同前往的二姐虔南討論，去電徵得在台北四姐虔珍的同意，我們三姊妹集資再捐贈一輛，用逸仙扶輪社名義，以媽媽名字爲號。於是就有了「阮陳英號」的一輛復康巴士，做爲媽媽去世七週年的紀念。

還記得當年在飛離家鄉的飛機上，遠眺那塊逐漸遠離的土地，我默默在心裡爲故鄉訂下約定：「有一天我要讓你以我爲榮。」二〇二〇年我擔任國際扶輪 3523 地區總監，身爲澎湖的女兒，我結合了幾個扶輪社（最主要澎湖當地三個扶輪社也全都參與）用全球獎助金爲離島澎湖的離島七美鄉衛生所提供緊急醫療設備：心臟電擊器、急救呼吸器；提升牙科醫療設備：牙科治療椅兩張、牙科根尖X光機，並提供七美鄉居民口腔保健大體檢；此外，耳鼻喉內視鏡和復健用熱敷箱，沒有用到全球獎助金，全數由我創立的逸仙扶輪社承擔。

這次捐贈活動讓我們更發現城鄉差距之大，遠在想像之外。我知道我們不會停下腳步，下一站我的目標將是澎湖縣望安鄉，經過社區評估，拜會了望安鄉衛生所，了解望安缺乏完整的眼科檢查設備，也沒有眼科專科醫師駐診，所有眼部的疾病都必須到澎湖本島甚至台灣做檢查，因此我們初步決定，透過儀器設備的添購，用遠距醫療及人工智慧（ＡＩ）診斷，可以讓沒有眼科醫師資源的望安居民，能有更完整的醫療照護。很開心與 3470 地區聯繫時，他們欣然應允再次配合協辦，北部的北投扶輪社、逸仙扶輪社與兩個子社，逸澤扶輪社和逸新扶輪社也都參與。我知道，只要我在，就像我對家鄉綿延不斷的情感一樣，對偏鄉醫療升級，將永不會停止。

七美鄉衛生所

14/04/2010 15:41

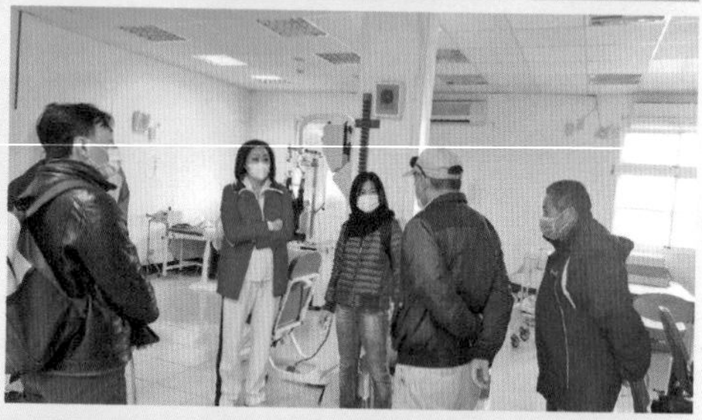

扶輪聯合捐贈七美衛生所醫療升級獎
國際扶輪3523 地區
澎湖七美醫療
計畫 － 捐贈典禮
Rotary
扶輪基金會全
GG2126879
「澎湖七美
療及牙科醫療
口腔保健計畫」
國際扶輪3523地區
of Udomsuk
台北南雅社、台北瑞光社
澎湖縣政府感謝狀

Chapter 20

老了才來當同學

智慧是來自不斷的充電，
同學是終身學習的榜樣。

老了才來當同學，我們都是老同學，當年～從木柵瘋到花蓮，櫻花樹下的溫泉，永遠都刻在心裡面……

這是每一位政大ＥＭＢＡ學長姐都會唱的一首歌，也只有讀過政大ＥＭＢＡ的學長姐才懂得箇中意義。這首歌〈老同學〉，是音樂才子陳子鴻學長就讀政大ＥＭＢＡ時期寫的歌，當年他在ＥＭＢＡ的那三年認眞學習，在最後一學期跟同學一起去日本參訪企業回台後，有感而發的寫這首歌。爲何後來的同學也都能朗朗上口，眞的是身歷其境。

有人好奇我爲何念了好幾個ＥＭＢＡ？起初是有好友建議我念北京大學ＥＭＢＡ，當時因工作關係，需要常待在北京，且自忖兩週四天的課程對我來說應該不難。同時我也想讓孩子知道，這個媽媽不是只會要他們好好念書，媽媽自己也喜歡進修，純粹就是朋友的啟發加上自己一個簡單的念頭而已。

我是一個生長在離島澎湖小公務員家庭的子女，時值國府退守、動盪不安的年代。物質本就相當匱乏，一家七口食指浩繁，單靠公務員微薄的薪水，實在無法養家糊口，在母親奔走軍營、開設福利站的貼補下，才能勉強渡日維持生計。因此每個女兒高中畢業後，就自然得找份工作減輕家庭負擔，更遑論有餘力遠到本島考取大學了，由於過早離開黌宮，提早進入社會職場接受洗禮，每每在飽受挫折或苦惱時，特別懷念求學時期無憂無慮的日子，三倆好友徜徉校園，彼此切蹉好不愜意。

「學然後知不足，」讓我一生中總將失學引為憾事，沒想到事隔多年已到知天命之齡，竟還能託天之幸重披學袍，進入心中嚮往的學術殿堂，再次絃歌不綴。不可諱言，在收到入學通知單後，掩不住內心狂喜，當夜興奮地久久不能成眠！書是越念越喜歡，越讀越上癮。上了北大一般的課程，趁在北京工作之餘，我抽時間參加學校的讀書會，一次偶然機會，看到北大高端領袖政商班的（后ＥＭＢＡ）有一堂課是研究《心經》，我像著了魔般的跑去報名，這個后ＥＭＢＡ錄取的門檻很高，除了一般的條件外，還要看公司的營業額。嘿嘿！越是困難越要克服是我的個性。我知道自己不是為建立人際關係、增加人脈而念，況且影視這行業原本圈子就很窄，也不需要擴充人脈，我的動力來自於在學校可碰到更多想念書、愛念書的同學。加上《新白娘子傳奇》一劇在大陸紅遍三十年，大家對我這個觀音姊姊早已熟識，都會如老朋友似的主動前來招呼，降低了我對陌生環境的不安。就這樣我糊裡糊塗地念了高學費的北大后ＥＭＢＡ，因而認識了更多的同學。更由於大夥人生都有相同的歷練，特別珍惜這段遲來的幸福，彼此會相互的勉勵，相互的學習，好機會還會相互通報，於是我又到了波士頓大學ＥＭＢＡ，停不下來似地再去東京大學ＥＭＢＡ，念著念著不知咱的我終於明白以前看朋友搭飛機飛來飛去念書的心境了。學程結束、工作告一段落回到台灣，好友又向我提及台灣政治大學ＥＭＢＡ正在招生，想想既然回來台灣，在自己家念書那豈不更是方便，反正兩個孩子此刻都在國外上學，我沒有任何負擔累贅，那就念吧。

如果要我比較這幾個學校，波士頓大學上課環境最優，讓人樂在其中無旁鶩；北京大學高端領袖政商班的（后ＥＭＢＡ）門檻最高，學費高達人民幣六十六萬八千元，但學習效果卻最低，完全沒有ＣＰ值。跑了一圈最後發現還是台灣的政治大學ＥＭＢＡ最正規，學習成效也最好。入學後我因一直在準備北京的工作，也隨時等候劇組開工，所以不得不將課程安排的很緊湊，三年的學程我一年半就修完，只需等論文完成，就可順利畢業。然而此時北京的工作卻一再延宕，對於這些完全不可測的變化，以及接連帶來的一切，我只能默然接受。這是後話暫且不表，總之眞心感謝上帝的恩寵，讓我在近遲暮之年之際可以圓了夢想。

始料未及的是因求學的緣分，我有幸結交了很多優質的好朋友，我們常說，「公車十分鐘一班，捷運五分鐘一班，而『緣分』可能一輩子就只有這麼一班。」在政大ＥＭＢＡ一○五級，是有著這樣深深的感受。這一班緣份列車雖然晚到，卻讓我非常珍惜。尤其是這群接受過社會的洗禮，職場的考驗，在公司擔任高階主管，或是創業有成的人，在自覺需要充電加強學理與實務活用驅動下，再度發心回到課堂，自然是主動自發、積極進取。身處在此氛圍中，耳濡目染下，對上課興趣盎然，貪吮著良師智慧的傳授。再者，他們都有過領導與被領導的經驗，待人接物方面已臻成熟，自尊與尊重他人的分寸拿捏，不卑不亢的態度涵養，也讓我有了效法的榜樣，這些都是始料未及的收穫。

沒想到人到六十歲，我還能跟著同學一起在莫斯科紅場和克里姆林宮，呼吸著冷冽的空氣；在凱薩琳宮和彼得夏宮銀白世界的雪地上，烙下兩行腳印；我還氣喘吁吁跑在戈壁堅硬的碎石路面，接受烈日的炙烤，狂風的肆虐，爲了堅守初心而奮力前行；我陶醉在瀨戶內海的藝術祭禮，目不暇給睜大雙眼，震撼讚嘆的記錄下每一幅創作。

一千個美麗的春天，即將要畫上句點，也許是長姐心態驅使，「愛，是在別人的需要上，看見自己的責任！」在最後一年我當選爲畢聯會會長。之所以會答應參選，想法其實很簡單，一是覺得以大姊之姿，應該率先給自己多一點責任，二是也想讓自己的畢業典禮，辦得令人感動與驚艷，努力帶領大家把畢業典禮與畢業晚會做到極致，真誠的希望讓大家留下深刻的記憶，把這份學長姐的情緣延展下去。我們籌備會多花一點時間，策劃給一〇五級一場不一樣的畢業典禮，思考如何辦一個令大家難忘的畢業晚會。經過大家全心全力的投入，如同學們所盼，早上在學校大禮堂舉辦隆重的畢業典禮，傍晚在台北圓山飯店游泳池畔，每位畢業生好似參加自己的金馬獎般，灑著夕陽餘暉，一一走著星光大道出場，開心歡樂的完成大家期待的畢業晚宴。

回首三年來，學長姐們由陌生點頭到深情厚誼，是經過多少點點滴滴的累積，學習的過程讓每個人增添許多吉光片羽般的回憶，留下人生旅途中美麗風景。

「唯有愛才能讓世界轉動！也唯有愛才能讓世界圓滿！」，「老了才來當同學」承蒙這麼多好朋友所賜，三年來我感受到愛心滿載，大家豐富了我的人生，我知道「人若生活的精彩與精緻，卓越就離您不遠了！」

❶、❸秋賞、❷❹❺❻愛拍照的 105 同學們

同學們難得來我家聚會，這樣難得的機會不說可惜

瘋到日本拍畢業照！！

政大
EMBA

政大EMBA GAME CHANGER
TOURISM
105 文科資創

政大EMBA GAME CHANGER
TOURISM
105 文科資創

莫斯科畢業旅行

感情好的領團夥伴們—— The One

圓山飯店舉辦 EMBA 畢業舞會

Chapter 21

珍惜金牌製作人的頭銜

瞭解趨勢，觀察變動，
經歷浮沉，抱持初心，
真正的榮耀是超越原來的自己。

我不是一個沽名釣譽的人，做事也一向保持低調，這好似與五彩繽紛的影視圈格格不入，不過個性使然，也是我由螢光幕前轉至幕後的原因之一。我不能說是什麼「演而優則製」，只不過我對所喜愛的戲劇工作始終有一份執著，對我的每一部作品有一份堅持。

回首四十多年以來，這個執著、這份堅持未曾稍有改變，有幸能做自己喜歡的事，可說是人生的一大享受。我原本應該心滿意足，然而這份工作畢竟是倍受關注的焦點，也設有諸多給予光榮的頂點，所以我也不免俗的在內心有著一份期許，有著一份渴望！

在中國大陸，我製作的一部戲《換子成龍》，得到全國三十三個省級行政區電視台同時段收視的第一名，當年在台灣製作的版本《世間父母》收視率也是名列前茅，這部戲讓我在大陸一戰成名，成爲我事業轉戰大陸的轉捩點。而因爲近二十一年來我都將重心移往大陸發展，台灣金鐘獎最佳戲劇獎項，遂成爲我製作生涯的遺珠之憾。

因環境不變，我離開台灣製作的最後一部戲，是二〇〇一年中視的《貞女、烈女、豪放女》，它榮獲金鐘獎十四項提名、六項入圍，得獎三項。

猶記那年中國電視公司共得獎六項，我一個戲劇節目就得了一半，三個獎項分別是沈孟生勇奪最佳男主角獎、楊潔玫拿到最佳女配角獎、李順慈榮獲最佳編劇獎；之前二〇〇〇年在華視製作的《珍珠彩衣》也被華視提名十項角逐金鐘獎，一九九八年製作華視「斷線的木偶」榮獲金鐘最佳剪輯獎；同年製作中視「將軍令」也讓屈中恆榮獲金鐘最佳男主角獎。一連串的佳績讓我有了金牌製作的殊榮，只可惜身爲製作人心中的最高獎項，金鐘獎最佳戲劇獎項卻始終擦身而過。

與其羨慕別人，不如打磨自己，與其仰望高處，不如努力創造價值。在激烈競爭的環境中，我們沒有疲憊的權利，如何脫穎而出、如何添加新章，是這個行業反覆回到原點再出發的特質，我們必須在每一次中超越自己。說到我歷年來的作品，其實最想提及的是我製作的第一部電視連續劇，那是一九九二年在中視製作的閩南語連續劇「良人」，中視竟然給予金鐘獎七項提名，這是閩南語劇前所未有的殊榮，當然意料中的全部都沒有入圍。閩南語連續劇一集製作費才新台幣十四萬元，要跟一百二十萬元的八點檔競爭，可說在起跑線上就不公平，然而一部閩南語戲劇，竟然能讓中視戲劇組於討論後給予七項提名，足見大家對這齣劇的肯定，也給了我最大的鼓勵，我非常感謝也異常珍惜。

曾擔任過金鐘獎評審的我，離開台灣戲劇圈長達二十一年，縱然在大陸製作的戲很受到大陸觀眾的青睞，但畢竟因爲不是在台灣製作，而電視金鐘獎又未開放給台灣以外地區參加，自然無法參與金鐘獎評比。

近年來受疫情影響，幾乎無法到大陸工作，加上那裡整個大環境也變的完全不同了，我開始思考回來台灣重起爐灶，希望能重拾我最喜愛的戲劇製作工作。我也想將失之交臂的金鐘最佳戲劇獎項，作爲我努力爭取的最終目標，重拾台灣金牌製作人的稱號。雖然前路未必是坦途，也許未來會有很多失落，但六十多歲的我，仍保有年輕的動力，我深信每一次的挺起，都會有一次的發酵，潮起潮落、日昇月恆，拼盡心智、拼出生命，是我不曾改變的情懷！

《多情厝》

《老伯公的大瓦厝》

《鳳冠情》

《將軍令》導演鄧安寧

《火中蓮》

《斷掌順娘》

《苦戀花》

《無鹽女》

製作《難為女兒紅》

Chapter 22

曾經滄海取次花叢

緣盡選擇放手，
肩能清風出袖，心可悠遊自得。

近些年來我們屢屢看到報導，大陸許多高知名度的藝人，因逃稅、毒品、出軌、不倫、言行……等原因，被列爲劣跡藝人被排除在影視工作之外，眞是所謂的一失足成千古恨。我在此姑不論懲處的輕與重，立意出發點的對與錯，單就藝人本身來說，是一世英名毀於一旦，永無翻身之日了。事業遭到如此毀滅性的打擊，再回頭已百年身，枉費了過去的努力和拼搏，眞是讓人扼腕嘆息。我是藝人出身，比較了解藝人的心理，其實藝人們有兩個顯著的通性，就是「率性」與「濫情」。因爲率性他們只在乎感覺，味道對了什麼都好談，兩肋插刀在所不惜；因爲濫情他們可以迅速脫離自我，角色轉換成劇中人物，眞假虛實十分投入！這兩個特性讓藝人異於常人，隨著時空的轉換，社會越來越多元，環境越來越複雜，要讓一個年輕懞懂、個性天眞，自以爲是的人獨自面對許多問題，那是不可能的事。所以經紀人的工作就非常重要了！覺得自己應該有責任保護參加演出的藝人，也可以讓每次新戲開拍時角色的安排更得心應手，於是我成立了經紀部門。

把經紀工作做的完美不容易，把經紀工作做的讓人滿意更是困難。從事藝人經紀工作近三十年，總是聽說：「經紀是個傷心的行業」，但在我心裡卻沒有留下傷心的痕跡，我想這是取決於自己的心態吧！一直以來，我給自己很多的心理建設，告訴自己把這份工作當成在做回饋，沒有藝人們的支持與付出，我們不可能以一己之力創出佳績。因此這麼多年來，我從來不冷凍藝人，也不封殺藝人，簽約時間也都很短，給彼此較大的空間。即便是合約未滿，只要對方要求提前解約，我也會同意，因爲我認爲這是緣分。我非常相信緣分，緣分到了，我們攜手，緣分盡了，強求不得。得之我幸，不得我命！如果藝人離開後發展的更好，那就表示原先我與他的磁場不合，他能夠發展得好，我更要爲他感到高興。

曾經有藝人，要求跟我提前解約，我秉持著一貫原則，秒回簡訊同意他的要求，倒是演藝圈內的朋友們知情後，都告訴我：「他一定會後悔的。」我說：「我不是要他後悔，我只希望他能更成功。」因爲在我心裡，他們都曾是我的孩子，做爲母親的我，當然希望孩子羽翼豐滿，當然希望孩子成功歸來，也或許這只是我的一廂情願，老實說我從未後悔，至今依舊如此。我自認也享受過規畫藝人成功後，所帶給我的成就感，所以在事情過後，易地而處的想一想，也就完全釋懷，不再傷心了。

只要有人的地方，就會有很多難以平衡的事務，因而人要學習以對方的立場著想，常常有媒體記者要我談「藝人的大頭症」，這題目我很難下筆，因爲每一事件的結果都有他的前因，我不知道前因，自然無法評論其結果，只是對於演藝生態，我有許多的期許，那麼就說說我對台灣藝人與經紀人現狀的期許吧！台灣演藝環境正處在一個非常低迷的時期，會持續多久，我無法判斷，憑心而論，我甚至看不到能有恢復過去榮景的機會，現在大家都在夾縫裡求生存，很辛苦，也很無奈！但我知道，如果在這樣的環境之下，影視產業的上下游還不知團結合作，只計較自身的利益，悲觀一點來說，台灣經紀很可能將會走向死胡同。

大陸的經紀制度其實是很不規範，經紀人的素質也良莠不齊，前面提到的藝人發生問題，跟經紀人在旁的督促、判斷、管理有絕對的關係，最近大S的再婚，讓我們瞭解原來二十年前，二人是一對深愛彼此的情侶，舊愛「酷龍」成員具俊曄，當初就是韓國經紀公司極力反對二人的戀情而分手，可見得經紀人有舉足輕重的影響力。大陸的影視市場太大了，節目內容的需求量多，也因此形成一個雖不規範，卻很蓬勃發展的怪現象，如果台灣的經紀人與藝人能夠團結，攜手並進，以台灣人敬業的態度，大陸是一個很值得去開創的疆土。

人到了一定的高度，一定要學會柔軟，要知道沒有任何一位藝人是不可取代的，藝人若是難搞，覺得自己紅了，就端架子、鬧情緒、出狀況，除非市場迫切需要他，否則很快就會被人淘汰、替換、淡忘。大多數的藝人確實只看見自己的付出，未曾感念經紀人爲他所做的一切，如此長期相處下來，心中怨念日增，不如儘早離開，大家做朋友反而好。

我是一個很傳統的影視工作者，無論是演員或製作人都是始終如一，堅持身爲媒體人的「社會責任」，我時時不忘警剔自己，不要有些許的成功就犯了大頭症，因爲所謂的大頭症簡單說就是：「不好的工作態度與較差的人品問題」，公眾人物很多事情，都得接受大眾的檢視，也就應該比一般人更要懂得自我約束。藝人自身的行爲影響著社會大眾，要注意不能因爲稍微走紅，就開始自我膨脹，爲所欲爲，那等到所謂的紅了之後，不就變得更以自我爲中心，忽略無視藝德品質的重要性，如此不止會減損本身的演藝生命，還可能遏阻了演藝工作學習進步、更上層樓的機會。

放眼望去，在演藝圈內能夠走紅多年的藝人，不是戰戰兢兢，無時無刻在努力，就是虛懷若谷，自尊尊人學做人，尊重自己工作，尊重合作伙伴，愛護工作人員。所有的成功都需要天時、地利、人和的配合，得道者多助，有了人和，各種助力自然源源不絕，演藝之路自然更爲平坦、順遂。我們前面所提的藝人自我膨脹，是目前台灣普遍存在的現象，那是因爲周圍製作單位或公司太盲目地寵壞藝人了，反觀日韓的經紀制度，和管理方式就比台灣好很多，經紀公司的經紀人，管理藝人工作與生活，他們很重視對藝人的教育，從禮節、工作態度等等，無一缺漏。而反觀台灣，卻是一切都以藝人爲中心，經紀人要去配合，這不正是本末倒置了？

經紀人跟藝人的相處之道，應該是互信與互諒，要充分信任彼此，而不是抱著相互利用、相互懷疑的心，需知猜忌只會讓雙方漸行漸遠，唯有在雙方齊頭努力的狀態下，經紀人有良好的發展規劃，藝人願意全心投入，才能在產業低谷中，找到好的工作機會，讓藝人全力發揮、進而獲得好的成績。在人才濟濟的台灣演藝圈中，每位藝人的成功絕非偶然，他們都一定付出相當的代價，我非常尊重他們所做過的努力，因此即便是不再合作的藝人，我仍會想起當時協助他們成功的來時路，就因爲我們過往是眞誠的相待，所以現在不會有任何遺憾，過往漫長的經紀工作日子中，與每一位藝人的合作過程，都是一段值得我永遠珍藏的記憶。

岳翎、孟庭麗

邱心志

楊潔玫、邱心志、潘儀君

葉全真、岳翎、沈世朋

二位徒弟：況明潔、趙詠華，因拍攝《小俠龍旋風》而結為師徒

潘儀君、沈孟生，沈孟生拍攝製作的戲，得金鐘獎最佳男主角獎

黃文豪、劉愷威、楊潔玫

馬雅舒

Chapter 23

一呼百諾的感動

做自己喜歡的事，是人生一大享受，
與善良的人為伍，更是一種幸福。

說實話當初許佩蓉引薦我參加扶輪社這個公益團體時，對這樣的組織並不是很瞭解，大概的認知是一群事業有成的人，常常做一些社會公益活動。心想目前工作狀況穩定，家務事宜也能安排妥當，自己一向同情心豐富，如果和一群志同道合的人，一起做一些能力所及的公益，未嘗不是一件令人快樂的事。就這樣簡單的出發點，我在不影響工作和家庭的前提下，參加了扶輪的大家庭。至於後來扶輪能提高思想教育與道德素質的體會、進一步擔任社長，更上層樓創立逸仙扶輪社，都是因勢利導、推波助瀾而爲。

在我的生涯規劃中從來就沒有當總監的念頭，但是我在HOC（台北國際年會地主籌備委員會）看到了參與者的無私的奉獻，大家不分晝夜的努力，只是爲了要讓全世界的扶輪人看見台灣，不禁讓我也燃起了熱情。我原本就是一個不畏挑戰的人，所以我決定接下二〇二一年世界年會在台北的總監一職，因爲我有心把它做到自己能力範圍的極致，雖然最後因爲疫情之故，沒有實質舉辦，但是很感謝因爲這樣的起心動念，讓我願意擔任總監，進而認識更多有意義的工作，而有了人生最感動的一年。

從當選爲扶輪地區指定總監提名人後，我開始思考如何做好所有的準備，我預期二〇二〇—二一年度將會是一個「有感動、有挑戰，與能夠大步成長的一年」，因此四年前我開始擘劃二〇二〇—二一年度我的總監生涯，一一拜訪可能是我那一年度的社長，即使後來臨時有變，我依然繼續拜訪下一位。同時也籌建地區工作團隊的人選，我告訴自己，要求別人付出，自己先要做到令人感動，所以每一位我都要連絡到本人，眞誠的徵詢他的同意，因爲擔任每一個職務，都應該倍受尊重！我也期許自己要做個「有溫暖、有樂趣、有魄力、有能量、有肩膀」的總監，我知道這個職務的賦予，是自我教育重要的一環，我要求自己做到一個扶輪精神所說「溫馨與眞誠」的總監。

二十六年的扶輪薰陶，讓我的總監計畫爲「莫忘初衷」，我想找回扶輪的優良本質；因此我注重並加強扶輪知識的學習課程，整合凝聚社友之間的情感，我相信內心的忠誠如果熾熱起來，就會形之於外，進而遍布到四海之內，我們的儒家思想不也是十分注重「忠誠」這一品質！所以我的年度口號是「精彩人生~有您眞好」，因爲有大家才能共好，有目標才有動力。

如果說二〇二〇—二一年度3523地區會被大家喜愛，那麼就是我們社長與團隊都具備了我們「溫馨、眞誠，不虛僞、眞感情，有溫馨、夠眞誠，用眞心，展溫暖」的條件。我在拜訪社長時，送給每一位社長八十頁的祕笈，那全都是我自己彙總資料，不假他人之手，整理列印並裝入資料夾中，做人的態度是誠實，做事的態度是認眞，我認爲唯有這麼做才會有溫度，我相信每一位社長都因而可以感受到我的溫暖。我非常感謝他們願意與勇敢的承擔二〇二〇—二一年度社長的職務，能在大環境不佳的情況下，堅持付出是多麼的不容易。也只有在日常生活中盡責的人，才會在重大時刻願意承擔，我相信他們一定都會是肯負責的好社長，我也期許他們能爲社、爲地區、爲扶輪寫下屬於自己的歷史，日後我們回顧自己的人生才會覺得有意義，所以我們非常珍惜相處的這一年，七十五位社長都是我最珍惜感念的人，我們一直到現在感情都是十分的濃郁，這是地區前所未見的現象。

是什麼凝聚了所有團隊與社長的感情？首要歸功社長聯合展演「年輪交錯的黃金歲月」，我讓每一位社長寫出自己的生命故事，用眞實的故事，撞擊彼此心中最柔軟的部份，讓大家更進一步的了解對方，頻繁的見面彩排，以及台上的精彩呈現，培養出大家共同的榮譽感。這些感動人的生命謳歌，讓他們有著親自參與的喜悅，我原本的初心，主要是在訓練社長的肢體語言，讓他們不畏懼上台主持工作，能因而讓社長之間情感如此交融，是我始料未及、誤打誤撞的，我想這是上天對我恩寵。

社長展演在八月，我正如火如荼的忙於總監公訪、無法分心注意到售票狀況，我發現票房情況不樂觀，開始給團隊每人發簡訊，看到他們的回覆，令我非常感動的，大致都是說「總監不要擔心，我們會互相催促」，我甚至發現他們相互的簡訊是「總監一定是有難了，才會發訊息給大家，我們大家一定要盡力幫忙。」，結果不但社長展演盈餘了新台幣一百六十二萬元，捐給財團法人台灣癌症臨床研究發展基金會；就連 End Polio 根除小兒痲痺慈善音樂劇「秦始皇」，他們也相同的自動比照辦理，結果是場場爆滿，還讓我們 3523 地區在二〇二〇—二一年度，勇奪了 End Polio 全球一六八個國家，五三九個地區，DDF 捐款全球第一名、以及 Cash 捐款全台第一、全球第二名的榮耀，社長們都戲謔說「總監認眞；社長當眞」；團隊們也都說「不能讓總監煩惱」，這一切都讓人如此感動，讓我怎能不愛他們。

做自己喜歡的事是人生一大享受，與善良的人爲伍是一種幸福，好感恩在我的人生中，有這一年當總監的機會，我希望這一年能做到讓別人舒服，自己也不苟且，而我得到的回報是受到最多激勵，最多支持、與無比溫暖的一年，這會是我一生中最値得回憶的一年，我眞心感激也好愛大家。所以在卸任之後，我花了一些時間，親手寫謝卡致送給團隊的每一位。很多人問我，爲甚麼不用電腦打字，每一封都用手寫那有多累，將近五百封是個繁重的工程呢！我說：「因爲我與團隊的每一位朋友，在這一年發生的故事都不一樣，要說的話也因此不同！」，的確無法用一套制式的文章來道盡我的感謝，而且手寫也是另一層溫度的呈現，我說過我要做一位有溫度總監，我想我應該是做到了。

逸仙扶輪社社慶及帶領逸仙社於地區年會表演

2020/7/1 總監暨社長就職典禮

恩師陳郁秀董事長前來參加總監就職給予祝福

2020－21 年度國際扶輪 3523 地區重要會議

2020－21 年度國際扶輪 3523 地區眷屬聯誼會活動

2020-21 年度社長畢業典禮

Chapter 24

疫情後台灣影視的未來路

品牌和內容是邁向成功的關鍵，原創內容可以收服人心，對OTT平台至為重要。

二〇二一年美商國家地理頻道公司台灣分公司，有五個頻道自十月一日退出中華電信MOD與有線電視付費頻道的播出，繼其二〇二〇年關掉的三個體育台，加上二〇二二年元月一日關閉的台灣迪士尼頻道與Fox News Channel，共有十二個迪士尼頻道退出台灣市場。在報導中也瞭解迪士尼同時在二〇二一年十月一日關閉東南亞及香港一共十八個頻道，這些關閉的頻道，大多都有近二十年的歷史。迪士尼之所以全面退出市場的原因，並非公司的經營出現問題，而是企業經營以退為進的戰略思考，由迪士尼併購福斯、梅鐸集團，就可見其有一系列完整的戰術策略，目的是要全力推廣自己的串流服務平台「Disney +」，這是既定的目標，也是迪士尼數位轉型的另一步。

一年多前看了Netflix（網飛）創辦人Reed Hastings的大作《No Rules Rules》，瞭解到Netflix歷經的數次轉型，認知了其成功經營的步驟。Netflix在一九九七年成立時，只是一個以單一費率郵寄ＤＶＤ出租的公司，其後經過訂閱制服務、網路串流購買原創內容、自製內容，與各國當地製作團隊合作等數次轉型，現今Netflix已經在全球有二億多個訂閱使用者，與HBO Max、Hulu、亞馬遜影片、Disney+、YouTube、Apple TV並駕齊驅，形成競爭對手。

依據上述兩個世界主流媒體的數位轉型策略，不難看出他們的經營管理模式是「進化」的，（一）打破危機就是轉機的舊有概念；（二）當環境改變時，組織設計與人員思維就要檢討並改變管理模式；（三）預先看到隱而未現的微小信號，也就是洞察先機。台灣影視製作產業，自老三台起就一直以委製節目方式營運，受限於代工的成長過程，能有企業化經營管理能力的公司可說是鳳毛麟角，更遑論會有所謂以「進化」的管理模式來經營企業。爲此，我赴北大參加高端領袖政商ＥＭＢＡ課程，及考入政大ＥＭＢＡ學程，就是希望自己能在實務之外，充實知識的內涵，建立理論的根基和學習經營管理的思考，要求自己在媒體變革的洪流下，能夠具備存活的能量。

我們已經可以預期新冠肺炎後疫情時代的影視文化產業，將會出現與過往不同層次的改變，訂定轉型方案，是現在的趨勢，也是未來的潮流。要想不落人後，不被淘汰，就不能一如既往，坐井觀天，空有理想抱負，必須拋開年齡的框架，以年輕的心態，用積極的行動，面對這場風起雲湧的全新挑戰，因爲成功的背後，必然有特殊的邏輯思維。

二〇二一年雖不能說在驚濤駭浪中度過了，但疫情的起伏，也的確讓台灣影視業者，飽受了煎熬與摧殘。儘管如此，台灣電視劇仍然大放異彩寫下了耀眼的成績，自台劇覺醒，不再沉浸在偶像劇單一類型，粗糙製作的泥淖裡。重視演員的演技成熟度，以及海內外充裕的資金投入後，二〇一九至二〇二一年間，創造出豆瓣評分八分以上的劇有八部，九分以上的劇有七部，在重新詮釋新時代女性獨立思想及現實主義題材出現許多精品後，觀眾回流，再度擁抱了台劇。回想二〇一一至二〇一八年，台劇掉入谷底，不僅失去了與大陸合作交流的機會，也失去了整個同文同種的大陸市場。如今，喜見台劇蛻變之際，我更進一步注意到投資拍攝前需做足功課的重要，掌握影視潮流趨勢，慎選題材劇本，完成版權行銷，才有可能締造收視佳績，避免作品淪入幼稚造成血本無歸情況。

最近，我們也看到報導，華納媒體執行長近日撤下戰帖，表示其旗下的串流影音平台HBO Max在二〇二二年前已有突破性成長，很快將與Netflix、Disney+並列視頻影音市場領先地位，決定要用一八〇億美元擴展內容庫，加上早先Netflix宣佈投入一七〇億美元推動原創內容製作，迪士尼投入超過三三〇億美元製作電影與影集，顯見國際影視串流平台積極拓展市場的企圖異常強烈。我們希望政府能在此時檢視過往保護本土的文化和產業的缺失，仿效韓國妥協讓國際串流影音平台落地的條件，其中包括對其國內影視文化的振興，如此Netflix就爲韓國創造一萬六千個個就業機會，同時在韓國設置了兩個片場。而台灣只看到代理商在沾沾自喜的宣稱未來OTT（over-the-top，影音內容服務）收入每年將有幾億美元，卻從未思考這幾億美元有多少會是台灣本土所得。政府每年辛苦籌措預算補助影視產業，孰知其實只要透過談判，就可以輕易地讓這些串流平台挾著雄厚的資金前來，更不要說台劇在這三年中已發揮影響，充份具有在華人市場爲這些國際影視串流平台帶動的收視訂閱力量。如何利用這個契機，創造有利產業的環境，相信是每一位業者的心聲。

近年來出現許多新興名詞，如元宇宙（Metaverse）我們僅知道是未來一種虛擬空間的巨大科技應用程式，如NFT（Non-Fungible Token，非同質化代幣），初步了解是可以代表數位檔案，如畫作、聲音、影片、遊戲中的專案或其他形式的創意作品。我注意到藝人周杰倫NFT創了世界紀錄，在NFT交易平台OpenSea總榜以一隻非常悶騷的黑熊吉祥物短短七天登上完售全球第一名，最近又有羅志祥親自操盤「LION HEART NFT」。然而我們只知其當然，卻不知其所以然，這些科技進步帶來的變化，對我們文科出身的影視專業來說，不僅陌生，而且大多處於無知狀態。究竟這些因科技而延伸的產物，會對日後的影視產業有何影響？是否會成爲產業鏈中重要的一環？我們今後要如何與其結合，創造更多發展空間？這些問題我們眞的是無力以對，但既然這些是未來的趨勢，又有周杰倫成功的例證，而其背後也有台裔專業人士效力，我深知不能迴避，必須正視，並要做研發功課，不斷要求自己要能深入簡出具體瞭解，乃至於未來充分應用。

因《茶金》《華燈初上》等劇的成功，大家已開始注意到４Ｋ ＨＤＲ（高解析度高動態範圍圖像），可惜因台灣市場供需條件的失衡，平台與頻道經營規模直接影響到４Ｋ節目的播放，因此４Ｋ節目的投資、４Ｋ各項技術人員的培育，都受到一定程度的侷限，傳統影視媒體，若無法克服此點，將會被新媒體搶走更多的廣告預算和觀眾。當然，這種大到我們產業界無法自行解決的問題，唯有主管機關研擬整合淘汰的對策、機制，方有可能改造台灣媒體的生態，才能創造新的影視節目製作條件，進而產生能量與競爭力。如果沒有配套措施即開放海外平台，未來將會是海外頻道橫掃通吃的局面，台灣影視節目製作產業，仍然會是淪於打工仔的地位。

Time Line

阮虔芷的成長軌跡

白日不到處，青春恰自來。
苔花如米小，也學牡丹開。（清・袁枚）

年代	重要記事
1957	十一月二十七日出生於澎湖馬公，排行老五，上有四個姊姊，父親決定中止生男的夢想，於是在虔字輩後面加一個「止」字。再加上草字頭變成「芷」，比較像女生的名字。
	父親在澎湖縣政府兵役課擔任股長。
1961	最漂亮的三姐在七歲時因肝癌去世。
	家裡窮困無力請葬儀社，親眼看父親幫女兒封釘封棺。這是一生的傷痛。
1962	台灣電視公司開播，沒想到日後的職業跟電視息息相關。
1964	入學馬公國小，覺得學校操場好大，要走好久才到教室。

1970 上國中，身高一五八公分。始終畏懼量體重。

國泰女籃洪金生教練到澎湖招生，身高與體能均過關，被錄取。

1972 以爲打球才有機會出國，於是決定到台北打球，同時念高中。

1973 到台北住進淡水國泰人壽教育中心。

進入十信工商念書，影響日後往商業的方向發展。

1974 天性不愛搶球又特別想家，想盡辦法離開國泰。最後以不去其他女子籃球隊爲條件，終於回到澎湖與家人團聚。

1976 高中畢業，八月十五日離開資源匱乏的離島澎湖，單槍匹馬勇闖台北。

在三百多名競爭者中被唯一錄取，進入大緯貿易公司擔任會計，月薪三千元分爲三份，一千繳房租、一千當生活費、一千寄回家。

工作受到肯定，加薪速度快，一九八〇年離職時薪資邁入萬元。

1977 由於薪資不高，注重開源和節流，以四千元租了三房兩廳的房子當起二房東，其中兩個房間出租就足敷全部房租。

其中一位房客是奧美廣告公司員工，透過他的介紹接了業餘模特兒的工作。拍了一些平面廣告與走秀的邀約，第一次感覺「賺錢」了，可以多寄點錢回家。

1980

這是一個傷心的年，農曆大年初八父親心臟病衰竭辭世。

父親口袋僅剩二百塊錢，對父親承諾「會照顧好媽媽」。

父親百日之後，把媽媽揣在口袋裡接到台北同住直至媽媽百日。

在周遊電視製作公司會計工作期間，應老闆周遊要求演出公司的戲——華視《神勇嬌娃》。

1981

一年之內拍了許多廣告，包括：珮登絲褲襪、娜蜜濃美容化妝品，566洗髮精、掬水軒禮盒、摩卡即溶咖啡、藍寶洗衣粉、太平洋油煙機，廣告片在電影院放映，經常買票進電影院只為看自己。

開始演藝生活，發覺自己居然可以這樣受到歡迎。

1982

出演第一部電視劇——林福地執導的倫理情感劇《又見阿郎》。

被電視台提名金鐘獎最佳新人。

主演台視《金色的故鄉》，第二部戲就當上了八點檔女主角。

出道一年，連演了兩檔連續劇又簽約了台灣電視公司。正式開始戲劇生涯。

1983

在台視《星星知我心》中飾演彬彬的媽媽郭玉玲。

續集《星星的故鄉》趁勝追擊。

繼續拍攝《風滿樓情滿樓》。

1984

感覺適合演藝事業幕前的工作，於是離開原來的製作公司，自行創業。

以《星星知我心》的酬勞，與好友共同創立鉅影傳播公司。

繼續演出台視《苦心蓮》，益發覺得幕後才是長久之計並積極朝這目標前進。

1985

爲公司資金繼續出演台視公司《回首斜陽》、《也是冬天》兩部戲。

鉅影傳播製作第一部戲《西遊記》打破冷門時段，獲收視全國第一。

1986

出演電視劇《風雲人物》。

主持台視趣味競賽節目《歡迎來挑戰》，初嚐主持益智性節目。

1987

拍攝《搭錯線》、《綺夫人的故事》、《飛越生命線》。

投資香港錄影帶，計畫失策，公司面臨倒閉。

1988

還了四部戲約：《天才房東妙房客》、《兩個女人》、《春去春又回》、《第二生命》。

離台到美國休息、放空，構思未來。

1989

在美國半年時間，決定找份朝九晚五的工作。

在準備打包回家的同時，被製作人瓊瑤召回。

1990

回台接演瓊瑤的《六個夢之啞妻》與台視《小俠龍旋風》。

拍電影《感恩歲月》飾演王貞治的妻子。

1991

臨時受省政府委託製作「不行賄不索賄」的社教節目《法冷情深》。

《法冷情深》在週六下午極冷門時段播出，竟然收視全國第一。

演出《嗨！你還愛我嗎？》。

1992

飾演台灣電視公司《摩登男子》、《新白娘子傳奇》劇中飾演觀世音菩薩。

三月九日結婚。

從掌聲中完全退出，準備當好媽媽。

第一次製作閩南語劇《良人》，與其他八點檔戲劇一起評比並獲金鐘獎七項提名。

獲選《中國時報》「年度十大製作人」，新聞標題「良人有良心」。

1993

製作中視《多情曆》、台視《火浴鳳凰》。

八月三十一日，女兒夏筱婷誕生。開始學習做好媽媽。

女兒出生前兩週，公公過世。

1994

製作中視《戴著面罩的男人》榮獲金鐘最佳剪輯。

製作中視閩南語電視劇《火中蓮》與勵馨基金會合作，描寫關於雛妓的故事。

製作台視單元劇《留情》。

立志製作的每一部戲都要放進勵志的元素，讓觀眾在潛移默化中，吸收正能量。

1995

首度進入華視製作閩南語連續劇《鳳冠情》。

開始公益活動與社會服務，加入華麗扶輪社。

1996

製作中視閩南語連續劇《老伯公的大厝》

首度製作八點檔連續劇-中視《斷掌順娘》首集收視率由上一檔二・一，躍升爲八・九。

同時製作中視六點時段和八點檔戲劇，事業邁入高峰。

成立雅晨經紀公司。

兒子夏瑋辰出生。

1997

製作中視《苦戀花》。

1998

製作華視《斷線的木偶》榮獲金鐘最佳剪輯獎。

製作中視《世間父母》依舊大獲全勝。爲品質保證，成爲唯一拒絕電視台提議，無限期延長集數的製作人。

製作中視《將軍令》，屈中恆榮獲金鐘最佳男主角。

從事「九二一大地震」賑災活動。

2001

製作《貞女、烈女、豪放女》金鐘獎提名十四項，入圍六項，獲男主角、女配角和編劇三個金鐘獎。
當年中視公司全電視台得獎六項，《貞》劇一個節目就囊括三個獎項。
製作《珍珠彩衣》榮獲華視金鐘獎十項提名。
創立逸仙扶輪社。

2002 台灣製作《時來運轉》。
大陸拍攝《無鹽女》。
進軍大陸市場，被詐騙人民幣一千多萬元，自此有了防人之心。

2003 六月十九日，母親因腸子失血性阻塞等多重器官壞死昏迷。
七月七日中午十二時二十五分母親與世長辭。

2004 在大陸拍攝《李後主與趙匡胤》、《問君能有幾多愁》，考據歷史做足功課。

2006 在大陸製作拍攝《換子成龍》此劇成爲大陸三十三省全數收視第一名；大陸投資方爭相合作。
《換子成龍》一戰成名，繼續拍攝《寧爲女人》與《順娘》。

2007 受邀參加北京文博會，討論兩岸城市創意產業論壇，終於在中國大陸站穩腳步。

2008 在大陸拍攝兩部戲《誰知女人心》、《難爲女兒紅》成果是原先無法想像的高，確定轉戰中國大陸是正確的。

2009
- 一年完成三部戲：《魯冰花》、《誰知女人心》、《難爲女兒紅》。
- 各校競相爭取爲客座教授，最後選擇江蘇經貿大學藝術系當任客座教授。

2010
- 拍攝大陸《愛情有點藍》八十集現代劇，播映時依舊火紅。
- 榮獲母校馬公高中傑出校友殊榮。

2011
- 拍攝《鎖夢樓》。
- 暫時放下在大陸事業，回台穩定逸仙扶輪社。
- 捐贈兩輛『復康巴士』給澎湖縣。方便更多肢體殘障鄉親往返醫院診療：一輛是逸仙扶輪社捐贈、一輛是阮氏三姐妹捐贈：三姊妹以媽媽『阮陳英號』爲名。

2012
- 參與北京大學EMBA班招生，開始搭飛機上課的生涯。

2013
- 婆婆辭世。
- 繼續上該校高端領袖后EMBA班。

2014
- 北大EMBA畢業，高端領袖后EMBA班上課同時又到美國波士頓大學（Boston Unive-rsity）念另外一個EMBA。

2015
- 北大高端領袖后EMBA班畢業。

- 波士頓大學的課還剩一年。報名日本東京大學EMBA班。一個月去波士頓大學上四天課，另一個月去東京大學上四天課。
- 2016 修完東京大學學分，完成波士頓大學課程，報名台灣政大EMBA班。
- 2017 九月當選國際扶輪 3523 地區 2020-21 年度指定總監提名人。
- 2018 當選政大畢聯會會長。
- 2019 參加第十四屆玄奘之路商學院戈壁挑戰，一口氣走完二十七公里。
- 政大EMBA畢業，辦了一場帥氣的畢業典禮以及一場猶如金鐘金馬獎的畢業晚會。
- 2020 七月一日就任國際扶輪 3523 地區總監。
- 2021 「Podcast」線上廣播節目《虔心逸芷》開播。
- 2022 六月出版半生回憶錄《虔心逸芷》。
- 六月出版國際扶輪 3523 地區 2020-21 年度綜合報告書《年輪交錯的黃金歲月》。

People 486

虔心逸芷：從演藝到公益的絢麗人生

作　者—阮虔芷、林美璱
主　編—林正文
封面設計—比撒列創意空間方子元
美術編輯—李宜芝
封面攝影—青樺視覺蔡榮豐
封底攝影—華之影陳文彬

董事長—趙政岷
出版者—時報文化出版企業股份有限公司
108019台北市和平西路三段二四〇號七樓
發行專線—（〇二）二三〇六六八四二
讀者服務專線—〇八〇〇二三一七〇五
（〇二）二三〇四七一〇三
讀者服務傳真—（〇二）二三〇四六八五八
郵撥—一九三四四七二四時報文化出版公司
信箱—一〇八九九　台北華江橋郵局第九九信箱

時報悅讀網—http://www.readingtimes.com.tw
法律顧問—理律法律事務所　陳長文律師、李念祖律師
印刷—和楹印刷有限公司
一版一刷—二〇二二年六月
一版二刷—二〇二二年八月十二日
定價—新台幣四五〇元
（缺頁或破損的書，請寄回更換）

時報文化出版公司成立於一九七五年，
並於一九九九年股票上櫃公開發行，於二〇〇八年脫離中時集團非屬旺中，
以「尊重智慧與創意的文化事業」為信念。

虔心逸芷：從演藝到公益的絢麗人生 / 阮虔芷、林美璱作 . -- 一版 . --
臺北市 : 時報文化出版企業股份有限公司 , 2022.06
面；　公分 . -- (People ; 486)

ISBN 978-626-335-367-1(平裝)

1.CST: 阮虔芷 2.CST: 臺灣傳記

783.3886　　111006091

cover digital graphic vector cimage

ISBN 978-626-335-367-1
Printed in Taiwan